No.1 ホストが明かす 心に残る話し方

信長
NOBUNAGA

WAVE出版

はじめに

この本をお手に取っていただき、ありがとうございます。

私は、新宿歌舞伎町のホストクラブで、約15年ホストとして働いています。

さらに近年は、ビジネス書の作家としても活動させていただき、翻訳版を除けば、この本で11冊目の著作となります。

そんな本書のテーマは、「話し方」です。


さて、じつはここで、謝らなければいけないことがあります。

私はずっと、ある大きな勘違いをしていたのです。

つい先日までの私は、こう思っていました。


「やるべきこと」をお伝えし、実行していただければ、コミュニケーション力は自ずと向上するものだと。

しかし、実際は違いました。

多くの人は、あまりに「やるべきではないこと」をやりすぎていたのです。

とくに男性は、その傾向が強いです。どれだけ「やるべきこと」をやっていたところで、それ以上に「やるべきではないこと」をやっているようでは、女性に喜んでもらうことはできません。

「三歩進んで二歩下がる」とはよく言ったものですが、女性に好かれたいと思い、話し方やコミュニケーション術の本を読むなど、5歩くらい進むための努力は惜しまないのに、100歩も下がる言動を平気でやってしまう人が、なんと多いことか……。

また、女性も、男性に比べればコミュニケーションに秀でている人が多いものの、やるべきではないことをやってしまう方が少なくありません。余計なひと言を思わず口にしてしまい、後悔したことがある方などは、その典型です。

男性も女性も、まず身につけるべきは、やるべきこと=好かれる会話術よりも、やるべきではないこと=嫌われない会話術だったのです。

このことに気づいたとき、折よく今回の出版のお話をいただきました。

となれば、「やるべきではないこと」を、一刻も早くみなさんにお伝えするしかない、と非常に気合が入っています。

もちろん、これまでの著作で手を抜いていたわけではありません。

しかし、本書の内容を踏まえることで、これまでにお伝えしてきた「やるべきこと」の効果もより大きくなるはずです。

本書の効果によって得られる変化の大きさは、人によっては大変なものになると思います。

また、よくある失敗について学べるため、嫌われない会話術を備えている読者にとっても、大いに得るものがある内容になるでしょう。

ぜひ、最後までおつき合いください。

もくじ

No.1ホストが明かす心に残る話し方

第3章 女性は共感を求め、男性は結論を欲する

第4章 No.1からオンリー1になる最高の話し方

第1章

信頼関係は「はじめの10分」で決まる

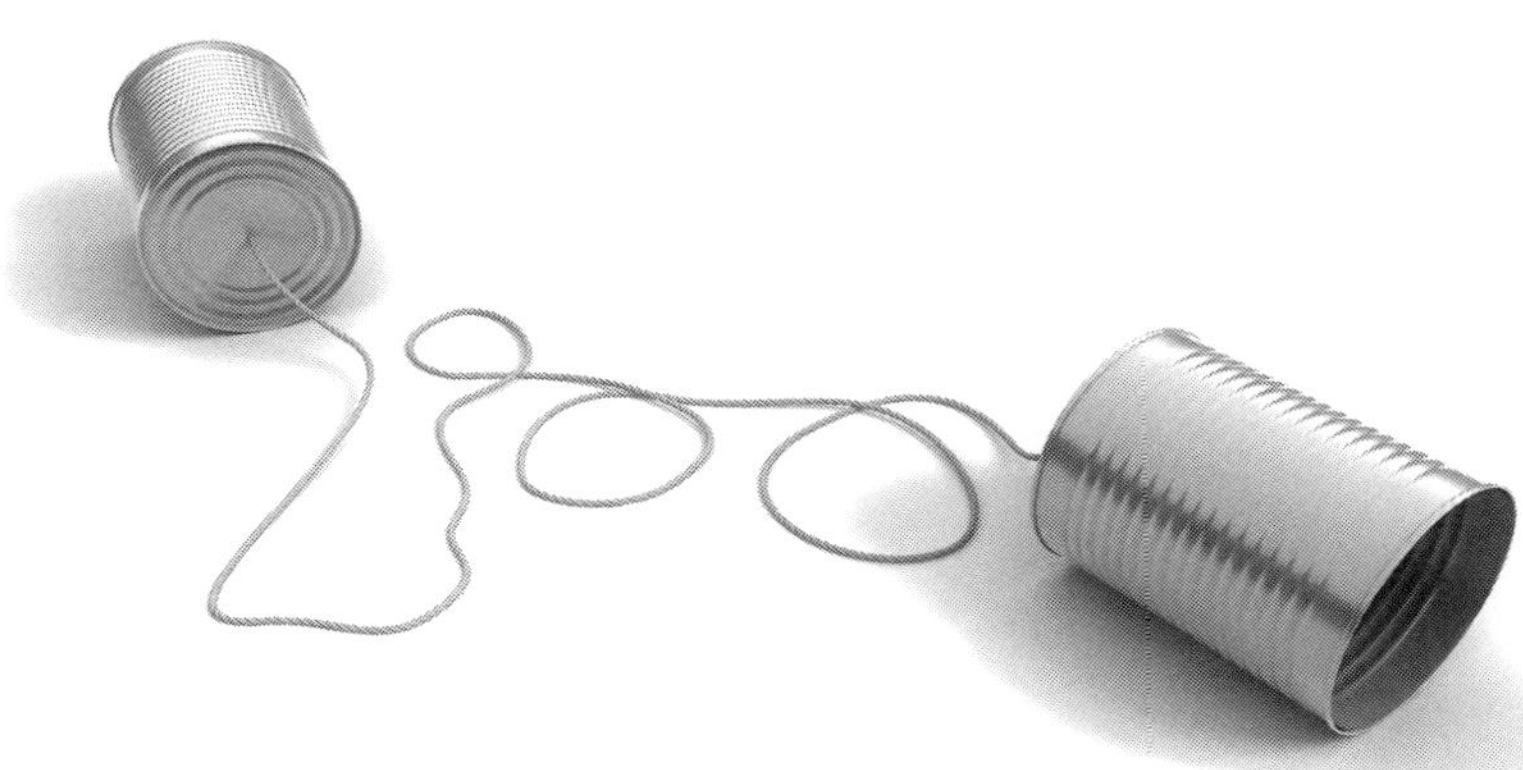

ホストはルックスより信用を求められている

初対面で相手の信用を得られなければ、心をつかむことはできません。

これは、男性が「仲よくなりたい」と願う女性相手に限った話ではありませんが、初対面で悪い印象を持たれてしまうと、挽回はほぼ不可能です。

ところが、ほとんどの方は、初対面を苦手としています。そして、その苦手意識に呑まれて、チャンスを失ってしまうのです。

これは、たくさんのお客様をおもてなしし、さまざまなお話をうかがってきた実感です（ホストクラブには意外に男性客も多いのです）。読者からいただくメッセージでも、初対面についての悩みが多いです。

では、相手によい第一印象を与えている人は、何をしているのでしょうか？

答えはシンプルで、単に「がんばって」いるのです。

私も、じつは初対面が得意ではありませんでした。

しかし、初めてご来店いただいたお客様や、講演を聞きに来てくださった方に、「初対面が苦手なので……」という言い訳は通用しません。

だからがんばって、信用してもらえるように努めていました。

初対面でいちばん意識すべきことは、自分から話しかけるということです。

ほとんどの人が初対面を苦手としているだけに、自分から積極的に話しかけることで得られるメリットは大きいものです。

私自身、作家業を始めてから、積極的に話しかけることで得られるメリットの大きさを実感しています。

本を出してから、セミナーや異業種交流会などで、初対面のビジネスパーソンと居合わせる機会が多いのですが、最初のうちは思ったようなコミュニケーションができませんでした。

その理由は、まさに「自分から話しかけないから」でした。

ホストクラブでは、お客様は私たちと話すことを目的に来てくれます。それに慣れていた私は、初対面が苦手なこともあり、いわゆる〝待ち〟の姿勢で、そのような場に参加してしまっていたのです。

しかし、そのことに気づき、がんばって自分から話しかけるようにすると、相手からもどんどん話しかけてもらえるようになりました。

意外に思われることが多いのですが、ホストはイケメンが売れるわけではありません。

もちろん、目を奪われるような美形なら、第一印象に有利に働くことは間違いありません。

また、身だしなみに気を配り、見て「嫌だな」と思われない、清潔感溢れる印象は、最低でも必要です。

しかし、そこから先、最終的に第一印象を確定させるのは、中身の部分です。そして当然ながら、初対面の相手と心を通わせるには、会話をしなければいけません。

それでは、初対面が苦手な人が会話をがんばるには、どうすればいいのでしょうか。

ここで意識するべき点は、2つあります。

あなたは「話しかけてやっている」のです

1つ目は、メンタル面です。

すぐれたコミュニケーション術の本を読めば、技術は学ぶことができます。また「はじめに」で書いたように、そのような対策をとる人も少なくありません。

しかし、初対面が苦手なために、その技術を発揮できずに終わってしまうのです。

まずはメンタル面を「技術を発揮できる状態」に持っていく必要があります。

そこでおススメしたいのが、「上から目線」です。

初対面は苦手だと自覚している時点で、すでに精神的に呑まれてしまっています。その状態では、技術を充分に使いこなすことはできません。

この本を手に取っているあなたは、技術についての理解がある、謙虚な方であるはず。

しかし、謙虚は美徳ですが、必ずしも下手に出る必要はありません。

その対処法として、「話しかけてやっているんだ」と思うくらいの自己暗示をかけ、強気に出ることを意識してください。

私もかつてはまったく同じ状態で、ホストを始めたばかりのときは、いわゆる「コミュ障」でした。

弱気で、人を恐れていました。

それでも、どうにかがんばってやり過ごしていました。今でも緊張感のある場に臨む際には、「とにかく強気」と自分に言い聞かせています。

ただし、これはあくまでも、苦手意識に呑まれないための対処法で、上から目線というのは心の中での話です。

外見の言葉づかいや所作は、必ずていねいにしてください。

そこでオラオラな話し方をするようでは、信用してもらえません。強気にする部分を勘違いしないように注意してください。

私は、勤務するホストクラブの代表を務めていた時期もあり、新人の採用にもたずさわっていたのですが、とくに近年の若い方は、上から目線のコミュニケーションを嫌う人が多いと感じています。

初対面で壁をつくられてしまうと、もう相手にしてもらえません。

声と動作の大きさはいつもの3倍

2つ目が、技術面の話です。

細かい技術もたくさんありますが、まず初対面の相手には、それよりも「声」と「リアクション」を大きくすることを意識してください。

私はいつもの「3倍」大きくするつもりでやっています。

体の動きはともかく、声のボリュームが3倍になると大変かもしれませんが、「本当に初対面が苦手な人なら、結果的にちょうどいい範囲に収まる」という意味での3倍です。

慣れてきたら、微調整してください。

リアクションについては、とにかく相手に「ちゃんと話を聞いている」と伝えることが肝心です。

たとえば、相手と好きな旅行先が一致していたとします。

A「え、沖縄好きなんだ、俺も大好き」

B「え……!? 沖縄好きなの? 本当に? 俺も大好きで、年2回は必ず行くよ!」

Bくらいの反応を返せれば、BはAの3倍と言えます。

目的は、「話を聞いているよ」という誠実さを出すことです。

リアクションだけを3倍にすると、少し雑な感じが出るので、自分から話す際のアクションも大きくすることが大切です。

もっとレベルの高い技術はたくさんありますが、それらはゲームで言うと、レベルが上がらないと装備できない武器のようなものです。

「初対面や会話が苦手」と自覚する人は、まず簡単な武器を使いこなし、レベルを上げるところから始めましょう。

いろんな本で勉強している方は、シンプルすぎて不安に思われるかもしれませんが、安心してください。

ノーマルのケースと比べて…

声とリアクションを3倍にすれば、

相手の反応も違う！

まずは「心の中での上から目線」と「外見の3倍」をちゃんと実行できれば、それだけで「初対面は苦手」という言い訳をする気がなくなるほどの成果が出ます。

やらないことリスト1

初対面で下手に出すぎない

相手に信用してもらうための「3つのK」

上から目線の自己暗示をかけて、声とアクション・リアクションを3倍に盛る準備ができたら、この心構えと技術を持って、あなたに意識してほしいポイントが3つあります。

それが、好意、関心、観察の「3つのK」です。

あなたから好きになろう

私が接客する上で、大切にしているのが「相手を好きになること」です。

結論を先に述べてしまうと、相手に信用されるには、相手を好きになり、その好意を伝えなければいけません。

好意が伝われば、相手もこちらに興味を持ってくれます。

その最初の入り口が「関心を持つ」ことなのです。

自分に興味がないという人を好きになるのは難しいでしょう。

人が誰かを一方通行で心から好きになることは、ほとんどありません。

ですから、気になる相手がいるのであれば、まずはしっかりと関心を持つことです。

人から好かれることで、はじめて自分も関心を持ち、好きになっていきます。

あなたから寄せられる好意や関心が、相手があなたに関心を持つ最初のきっかけになるのです。

「好き」を伝えるためにも相手をよく見る

3つめの「観察」は、文字通り、相手をじっくりと見ることです。

何を見るのかというと、相手が興味を持っているものや、大切にしているものです。

あなたの関心や好意を伝えるにも、情報が必要です。

当たり前の話ですが、外見を褒めるにしても、その外見を見ていないと褒めようがありません。

初対面の相手から信用してもらうには、好意を伝える必要があります。

そして、好意を伝えるには、まず観察する必要があるのです。外見のような、わかりやすいポイントでいいので、どんどん相手を褒めていきましょう。

「いいですね」
「素敵ですね」
「さすがです！」

3つのK

好意　相手を好きになる

関心　相手から好かれるきっかけをつくる

観察　相手が興味を持っているもの、好きなものを知っておく最初は、これくらいで充分です。

私もお店では軽い感じでどんどん褒めます。

多くの人は軽い褒めさえ、ほとんどしないので、これだけでも充分なのです。


ただ、さらに理想を言うなら、観察のレベルを高め、もっと深いポイントで褒めることです。


綺麗な人に「綺麗ですね」と言うのは、単なる事実の伝達でしかありません。

外見を褒めるなら、単に「綺麗」「かわいい」などと言うのではなく、具体的に褒めるのがポイントです。

その美貌を支える努力や、好きなブランド、メイクの参考にしている有名人など、もっと狭い部分を突けると、より深い好意を伝えることができます。

情報収集はいくらでもできる

観察といっても、単に眺めているだけが手段ではありません。

会話が上手な人には、２つのパターンがあります。

１つは、もともと話が天才的にうまい人。

もう１つは、情報をたくさん集めている人です。

私は後者のタイプで、どなたでも努力でどうにかできる要素です。

まず、相手がＳＮＳをやっている場合は、しっかりチェックしておきましょう。

とくにインスタグラムは、相手の趣味がわかることが多いので、見ておきたいところです。

もちろん、ネット上だけではなく、直接的に得られる情報も大切です。

会話が苦手な方でも、会話が生まれるところまでは、心の中での上から目線でがんばりましょう。

相手と会って話すときは、その場で生まれる「会話の中身」に注目してください。

会話で好きなブランドが引き出せたら、

「ルイ・ヴィトン好きなの？　俺も大好き。いいよね！」と言う。

旅行が好きだとわかったら、

「そうなんだ。旅行好きに悪い人はいないと思うんだよね！」。

行き先を聞いたら、
「ニュージーランド！　いいよね、治安もいいし、自然も最高！」と言う。

このように、どんどん褒めたり認めたりすることで好意を伝えるのです。
相手のセリフを肯定してあげましょう！

やらないことリスト2

先に相手からの好意を期待しない

話題はプラスの方向で掘っていく

「会話の中身」は、どんどん褒めて認めるべきですが、実情はといえば……。
せっかく会話で情報を引き出したものの、非常に多くの人、とくに男性は共感力が低く、わざわざ入手した相手の「好き」を否定しがちです。

「ヴィトン好きなの？　なんか持ってる女の子多いよねー」
「旅行好きなんですか。僕は休みの日は家でゲーム派ですね」

つき合いの浅い相手にこう言われて、相手を好きになる人などいないでしょう。それなのに、いちいち否定的に突っかかる人は少なくありません。

仮に、それが正論であっても、そう言われた相手の心は冷え切ってしまいます。**そうではなく、その人の示した「好き」に、自分の「好き」を乗っけてください。**そうしなければ、好意は伝わりません。

相手の好きな話題を続ける「無限会話術」

会話が苦手な人にとっては、話題を増やすのは難しいので、最初に見つけたポイントをどんどん掘っていくとよいでしょう。

たとえば、ニュージーランドの話題が出たとします。

「ニュージーランドかー。自然が綺麗なんだよね。どこに行ったの?」
「〇〇か。知らなかったけど、いいところなんだろうね! ほかにはどこに行った?」
「××にも行ったんだ。俺も行ってみたいなあ。何がとくによかった?」

こういった形で、1つの話題を掘って褒める、掘って褒める……を繰り返すのです。

相手がニュージーランドに行ってきたとしたら…

相手の「好き」を探して深掘りしていく無限会話術で、
話をしたい人との会話はエンドレスに続く！

単に掘り下げ続けるだけでは尋問になってしまうので「ひと掘りごとにひと褒め」が鉄則です。

人は自分の好きなことなら、ずっと語ることができます。

深掘りのポイントは５Ｗ１Ｈです。

これらを使えばいつまでも会話が続きます。

先ほどの例文でも「どこに行った？」「何がよかった？」など５Ｗ１Ｈの質問の原則をそのまま使っています。

とにかく、相手の「好き」を探して深掘りしていけば、会話はエンドレスに続きます。

私は、これを「無限会話術」と呼んでいます。

また、自分がよくわからないポイントが出てきても心配いりません。

違う形で褒めることもできます。

「ヴィトンか！　持ってないけど俺もヴィトンのサイフとか持ってみたいなー」

「ニュージーランド、詳しくないけど行ってみたいな。楽しそうだね」

このように、うらやましがってみましょう。

うらやましがるということは、相手の好きを褒めているのと同じことだからです。

もし、あなたと相手の好みが合わなかったら？

悩ましいのが、相手が大切にしているポイントと、自分の好みが正反対だった場合です。

ですが、そんなときでも、**目的が「好意を伝えること」であるなら、正解は「好きだと言う」の一択**です。

私は、接客中は何でも肯定します。そのほうが、相手が気持ちよく話せるからです。思ってもないことに同意するのは気が引ける人もいるかもしれませんが、少なくとも相手の好きを否定するのはやめましょう。

一般的には、思ったことを正直に言うほうが正しいと思われがちですが、それは違います。

極端な話、かわいくない人に「きみはかわいくないよ」と言ったら大変なことになりますし、太っている人に「デブだね」と言ったら、初対面でもケンカになります。

相手と仲よくなる会話術としては、本音など不必要なのです。

少なくとも、嘘をつかずとも、余計なひと言を言わないことは誰にでもできます。

たとえば、インドア派でスポーツに無関心な人が、スポーツマンと仲よくなりたいとして、**相手が「スポーツが好き」と言ったら、単に「そうなんですね」と関心を示せばよい**のです。

「私もスポーツ大好きです」と言ったら嘘ですが、それだけなら問題にはなりません。ところが、ここでわざわざ「私はスポーツに興味ないんですよ」と言って、相手の心に冷や水をかける人がたくさんいます。

仲よくなりたい相手に言う必要はありません。

せっかくの会話が、ここで止まってしまいます。

無理に嘘をついたり、相手の「好き」をわざわざ否定したりするくらいなら、少々不格好でも構いません。

「ほかにはどんなことがお好きなんですか？」

このように、相手のほかの「好き」を探しましょう。

やらないことリスト3

相手の「好き」を否定しない

自己紹介は最初の20秒以内！

気になる相手と直接お会いすることができたら、最初は自己紹介から始まることが多いと思います。

これは、とにかく短くしてください。私は20秒以内を目安にしています。

会話の基本にして、もっとも重要なポイントは、相手を主役にすることです。

相手に話してもらうためにも、自己紹介はサッと切り上げましょう。

ただ、基本的に人は、自分が話すのは気持ちがよく、他人の話を聞くのは負荷がかかるもの。そのため、きちんと意識していないと、自己紹介が長くなったり、自己紹介が終わっても、延々と自分の話を続けることになってしまいます。

残念ながら、自分が話している長さは、自分では気がつきません。

でも相手は、あなたが思っている倍くらいの長さに感じています。

これを防ぐには、あらかじめ内容を考えておくしかありません。

コミュニケーションが苦手な人が、アドリブで短くまとめるのには限界があります。

名刺でいじられるネタを仕込んでおく

ビジネスパーソンの場合、初対面では名刺を渡すことが多いでしょうが、名刺を渡しつつ、第一声で「こんな仕事をしています」と言う程度で充分です。

ただ、その中で、できるだけおもしろくしようとする努力は必要です。

相手が笑ってくれたり、次の話題のきっかけになりそうなフックがあればなおよいので、まずは何かいい材料がないか、考えてみてください。

拙著『シャンパンタワー交渉術』(講談社)では、相手がイジりやすいポイントを用意することをおススメしました。**当時の私の名刺の表面には、名刺の幅いっぱいに大きく「信長」と書かれているだけ。**

そのインパクトでお客様が「何これ！　自己主張強すぎ」と笑ってくれるので、会話のきっかけになっていました。

今は、これまで出版した本の表紙画像が入った作家用の名刺を使っています。ホスト業界では、顔写真入りの名刺をつくる人が多く、それをヒントにしました。

少し話したくらいでは、人の顔はほぼ確実に翌日には忘れられてしまいます。

残念ながら、翌日には10人中7人には忘れられています。

私たちにとって、忘れられているというのは死活問題です。

どんな営業術を披露しても、そもそも覚えられていなければ無意味でしょう。それは一般の名刺交換でも同じなのです。

文字情報よりはビジュアルのほうが、格段に相手の印象に残りますので、写真入り名刺は顔を覚えてもらえるメリットもあります。

初めてお会いする方に私の名刺をお渡しすると「ホストで、本も書いてるんですか?」と、ほぼ必ず本の話になり、会話がスムーズになるので助かっています。

このように、勝手に自分を話してくれる名刺があると、自分が話せなくても相手に情報が伝わるので非常に便利です。

初対面で相手にいじってもらえるポイントを考えておけば、たとえ話し下手であっても、スムーズに会話が進むので、ここを準備しておくことはおススメです。

名刺にはお金と時間をかけましょう。

会話は「ホップ・ステップ・ジャンプ」の要領で、真の目的に向かっていくものです。最初でつまずくと終わってしまうので、「ホップ」が重要なのは間違いありません。

ただし、自己紹介をだらだらと続けてしまうよりは、よく言われるように天気の話から入っても構いません。うまく相手を話題の主役にし、とにかく話を続けてください。会話のキャッチボールは、回数が続けば続くほどお互いの親近感も深まるのです。

やらないことリスト4

だらだらと自分の話を続けない

誠実に向き合わなければ信頼されない

「ホストはかっこいい人が売れる」と同じくらい、世間からの誤解を感じるのが、「ホストは女をだますもの」というイメージです。

正直なところ、女性を食いものにするホストがいない、と言えば嘘になります。

しかし、一線を越えたあくどいことをするホストは、一瞬だけ売れることはあっても売れ続けることはありません。

では、どんなホストが一流なのでしょうか？

意外に思われるかもしれませんが、それは「女性に誠実に向き合うホスト」です。

ホストに求められる具体的な誠実さとは、「相手の話に徹底的につき合う」というものです。

よく「男性は結論を求め、女性は会話そのものを求めている」と言われます。

私が3万人以上もの女性を接客してきた経験からも、これは真実です。

接客中に会話そのものを続けられるという行動と、それが女性のお客様に喜んでいただけるという結果は、限りなくイコールに近いという実感があります。

ホストクラブに来るお客様は、当た

感情と事実の男女差
感情＜事実
男性と話すときは「結論」を重視
感情＞事実
女性と話すときは「共感」を重視

り前の話ですが楽しみに来られています。

何が楽しいのかといえば、自分が会話の主役となることです。

前項で触れたように、基本的には自分が話す時間が多く、相手が上手に聞いてくれることを無意識に求めています。

ところが、ほとんどの男性は、その傾向から外れた会話をしてしまいます。

なぜなら、自分の快感を優先し、会話に結論を求めてしまうからです。

結論が出たら、その話題は終わってしまいます。

つまり、男性が自分にとって気持ちいい会話をすると、同じ男性相手ならともかく、相手が女性だと必然的に楽しめない会話になりやすいのです。

男性は話題の結論を求めてはいけない

ですから、男性は結論を求めてはいけません。

話題を終わらせずに、気持ちよく話してもらうことに徹するべきなのです。

また、そうすることで、好意を伝える材料を、より多く引き出せる観察のチャンスにもなります。

男性からすれば、「自分のことを聞いてもらいたい」「もっと深い話がしたい」「結論を出して話をまとめたい」といった欲望を隠すことになりますが、初期段階は少し我慢してください。

ある程度、関係性が深まれば、そのような話もできるはずです。

思ったことを遠慮なく伝えられる関係性になるための、必要不可欠な「ホップ」が、相手に気持ちよく話してもらい、信用を得ることなのです。

女性は話題の結論が出たら次の話題を出そう

ホストの話から入ったので、男性が女性と仲よくなりたい場合を例に説明しましたが、女性の場合は、逆にして考えれば大丈夫です。

あなたが「仲よくなりたい」と思っている男性と話していて、相手がどんどん結論を述べ、話をまとめようとしてきたら、好きなようにさせてあげればよいのです。

もし男性が話題を終えてしまったら、また新しい話題を出しましょう。

その会話を楽しむ意識で話をすることができれば、相手は気持ちよく会話ができて、あなたの好感度も上がります。

やらないことリスト5

✓ 結論を出さない

中身のない話を心がけよう

結論のない会話が苦手な方は、あえて「中身のない話」を心がけるようにしてみましょう。

とくに男性に多いのですが、人と話をしている最中に「この話に意味があるのか／ないのか」と考えていませんか？

結論を求めがちな傾向が強い方は、中身のない話をしたくないと考えがちです。

「取材なら女性アスリートと話せるが、プライベートで女性と話すのは苦手」という男性スポーツライターの話を聞いたことがあります。

これなどは、まさにその典型。

専門分野以外だと、スポーツの話題ほど中身のある話ができないのを気にして、恐れてしまっているのだと思います。

しかし、すべての人が結論を求めているわけではありません。

そんなことを気にしないほうが、会話が盛り上がるシチュエーションはたくさんあります。

話題は「広げず」「変えず」「深く掘る」が鉄則

中身のない会話を続けるには、1つの話題を深めていくことが大切です。

女性「アトレに行ってたんだけど」
男性「あ、アトレに行ってたんだ?」
女性「洋服見に行ってて」
男性「どういう洋服?」
女性「こういうの」

男性「かっこいいね！　こういう服が好きなんだ。なんてブランド？」

このように、大きなリアクションを心がけつつ、オウム返しや質問をすることで、話題を深めていきましょう。

結論を求めず、ただ聞くだけ、という意識でOKです。掘るべきポイントは、会話中に出てきたキーワードの中で、いちばんおもしろそうなものを拾ってください。

この例では、相手がショッピングセンターのアトレに行った目的が洋服だとわかったので、それを掘り下げる方向にシフトしています。

もし、相手の目的が飲食なら、何を食べたかを掘っていきます。

とくに目的もなく、毎日アトレに通うことが好きな相手なら、アトレそのものの魅力を聞けばよいのです。

ただ、深掘りだけを意識しすぎると、単なる尋問のようになりがちなので、先ほども紹介したように〝褒めながら深掘り〟しましょう。

また、褒めにくい話題の場合は、共感を示してください。

たとえば、相手から「嫌いな上司に怒られた」と愚痴をこぼされたとします。

このとき「何で怒られたの?」と深めていくのはまだセーフですが、そこで無理やり「いい経験になるよ!」となぐさめたところで、素直に喜べる人は少ないはずです。

そんなときは、次のように相手に寄り添う姿勢を示しましょう。

「大変だったね……」

むしろ、最初からこう切り出してしまうほうがベターです。

そうすれば、何で怒られたのかは、こちらが聞かずとも、相手のほうから話し出してくれるでしょう。

大切なのは、話題を「終わらせない」こと。これが信長流会話術の極意です。

会話において「聞くのが大事」とよく言われますが、具体的な聞き方を説明している本はほとんどありません。

しかし、終わらせない聞き方のコツは、非常にシンプルです。

大前提として、結論を急がないこと。結論が出てしまうと、その話題は終わってしまいます。

雑談が苦手な人、長く続けられない人は、中身のない話を心がけ、結論を急がないという基本を大切にするところから始めましょう。

やらないことリスト6

「この話に意味があるのか？」などと考えない

相手を「話題の主役」に据えると話が続く

話題を終わらせてしまう原因として、「結論」を求めてしまうことのほかに、もう1つあげられるのが、相手の話を自分に引き寄せてしまうことです。

話題の中心に自分を置こうとすると、やはり話が終わってしまいます。

そういう方は少なくありませんが、とくに男性には多いです。

たとえば、アトレに服を買いに行った女性に「俺はこういうの好みじゃない」「俺はバレンシアガが好きなんだ」などと言うと、そこで話題が終わってしまいます。

ほとんどの場合、相手はあなたの好みを聞こうとは思っていません。

大前提として、人は自分の話にしか興味がないのです。自分の話を聞いてくれ、ほどよく相槌《あいづち》、褒め、共感をくれる人と会話がしたいだけなのです。

相手にスポットライトを当ててあげましょう。

相手をコミュニケーションの中心に据える

もう1つの大切なポイントは、たとえ会話の主役が自分になっても、態度は上にならないことです。

相手の目をちゃんと見て、ていねいな言葉づかいで爽やかに話す。心の中では上から目線でよいのですが、態度は相手を立てるようにしましょう。

人は、誰にでもプライドがあります。もし会話中に、そのプライドをつぶすようなことをすれば、相手と仲よくなるチャンスもなくなるので注意してください。

やらないことリスト7

自分をコミュニケーションの中心に置かない

秘密を共有することでお互いの信頼感が増す

男女の仲に限らず、同性の友人同士にも言えることですが、みなさんにも、親しい仲間にしか伝えていない秘密が少なからずあると思います。

いきなり重大な秘密をさらすのはよくありませんが、**「ホップ」を終えて「ステップ」以降のステージに進めれば、むしろ秘密を共有することで、人は仲よくなれるものです。**

ですから「俺（私）、じつは昔○○だったんだよね」といったエピソードの1つや2つは用意しておきたいところです。

この「秘密の共有」は、自分を知ってもらう助けにはなるものの、あまり言いたくないことが適しています。

たとえば私の場合、お客様にお店の売掛金１００万円が未回収のまま逃げられた話とか、じつはもともと１００kgくらい体重があった話とかです。

気にしているのは本人だけ

本書の編集者である丑久保和哉さんに聞いたところ、「自分の場合、帝京大学卒であることがそうかもしれない」とのことでした。15年くらい出版業界にいて、帝京大学出身の編集者に会ったことがないそうです。

お話をうかがうと、編集者は高学歴の方が多く、ＭＡＲＣＨ《マーチ》以上は当たり前で、早慶や有名国立大学を出ている方も珍しくない業界だそうです。

丑久保さんのお話をうかがって思い当たったのですが、重すぎない「ほどよい秘密」の基準は、「気にしているのは本人だけ」と言えるレベルにあると感じました。

あまりにも重い秘密だと、話された相手も困ってしまいます。

ですが「たしかに本人の立場で考えれば気になるかもね」というレベルの話題であれば、かえって好印象を与えることもあります。

私の秘密の話も、実際に聞いた友人・知人は「そんなの別にどうでもよくない?」と意に介しません。

丑久保さんも、今となっては「学歴を気にしていたのは自分くらいだった」と言っています。むしろ、丑久保さんがそう言ってくださったおかげで、私はますます彼に親しみを持ちました。

みなさんもぜひ、秘密の共有ができる関係性を目指してください。

やらないことリスト8

自分の小さな弱みを隠さない

リアクションは3倍、アイコンタクトは3割

「話し方」とは、口から出る言葉の使い方だけではありません。
話すときのアクションや、聞くときのリアクション次第で、相手の印象を大きく変えることができます。
なかでも重要なのが、リアクションの動作。とくに、男性には気をつけていただきたいポイントです。

会話中、女性はほとんど言われないのに、男性はよく言われるのが「話聞いてる？」という指摘です。

私自身も接客中によく言われました。本人はしっかり聞いているつもりでも、はたから見るとリアクションが小さいのです。

男性と女性の違いは、講演など、人前でお話をすると一目瞭然です。

女性は、うんうんと頷いたり、声に出して笑ったり、非常にわかりやすいリアクションを示してくれます。

一方、男性は、まったくリアクションがない人も少なくありません。

ですが講演後、そんな方が「勉強になりました！」などと話しかけてくれることも多いのです。

そのたびに「えっ！　あのリアクションで、興味深く聞いてくれていたの？」と驚きます。

このリアクションのなさは、日本の男性が抱える永遠のテーマかもしれません。

女性にとっても大切な技術ですが、とくに男性は、体の動きを意識的に大きくしてほしいです。

この章の冒頭で「初対面時には3倍の大きさを意識する」とお伝えしましたが、男性の場合は「つねに3倍で、初対面ならさらに3倍」でもいいくらいです。

会話を始めて最初の10分は、ひときわ重要です。

もし、最初の10分で相手に「話聞いてる?」と思われてしまったら、そこから挽回するのは至難の業です。

せめて最初だけでも、アクセルを目いっぱい踏み込んでがんばってみてください。

「アイコンタクト&フルスイング」が基本

よく「会話中は相手の目を見ながら話しましょう」と言われますが、実際は目を見すぎると、相手はプレッシャーを感じてしまいます。

実際は3対7くらいで、3割くらいを意識して相手の目を見れば充分です。

人の目を見るのが苦手な方は、顔のまわりや鼻の頭あたりをぼやっと見る感じを意識しましょう。

相手が男性だと「ネクタイの結び目付近を見ましょう」などと言われていますが、相手が女性の場合は胸のあたりになるので、顔を見る練習をするべきです。

リアクションは、とにかく相手に「楽しく話している」「興味深く聞いている」とアピールできる言動をすることです。

たとえば、相手が綺麗な青いネイルをしていたら「その色いいね」ではなく、「そのネイルの青、超いいね！　最高！」と、大きな身ぶり手ぶりをしながら言うのです。

「なるほど」と相槌を打つにしても、「なるほど！　すごいですね」と大きく頷くなど、強く打ち返せそうな球は、全部フルスイングするくらいの意識でいてください。

リアクションで、もっとも注意していただきたいのが「腕組み」です。

とくに男性に多いのですが、腕を組みながら話を聞く人がいます。

これに、背もたれに体を預ける姿勢がセットになると、かなり興味なさそうに見えるので気をつけましょう。

大きな声や動きを恥ずかしいと思う人もいるでしょうが、プライドはいったん捨てて、大いに体を動かしてください。

やらないことリスト9

腕組みをしながら黙って聞かない

頷いて、笑って、顔を見よう！

1.「3倍頷く」

2.「3倍笑う」

3.「相手の顔をしっかり見る」

4.「腕組みはNG」

1～3をおさえていても腕組みしたら効果なし！

相手のことは必ず名前で呼ぼう

相手は必ず名前で呼ぶことが大切です。

ホストクラブに限らず、普通の飲食店でも、**単に「お客様」と呼ばれたら、文字通り「客」という感じになりますが、名前で呼ばれると、常連として認められたようで嬉しくなる**ものです。

それに、そもそも名前を知り、覚えていること自体が特別です。

デール・カーネギーの歴史的ベストセラー『人を動かす』（創元社）にある「人に好かれる六原則」にも「名前を覚える」があるほどです。

とはいっても、いきなり名前なんて呼びづらいという人もいるかもしれません。

そこで、みなさんにおススメしたいフレーズがあります。

「いつもなんて呼ばれているんですか？」


ぜひ、こう聞いてみてください。

名前を知ることもできますし、また、その人が名前以上に大切にしている呼び名があれば、それを知ることもできます。

ただし、名前ならまだしも、いきなりニックネームで呼ばれると不躾《ぶしつけ》に感じる方もいますので、「僕もそう呼んでいいですか？」と確認するのもお忘れなく。

「お前」と呼んでいい場合もあるが……

ここで気をつけたいのが、相手を「お前」と呼ぶことです。

とくに男性が女性をそう呼ぶことが多いのですが、基本的にはおススメしません。名前を呼ぶと相手の自己受容感が高まるので、そこを目指してください。

しかし、ホストクラブにおいては、仲のいい男性に限り「お前」と呼ばれたい女性も、一定数存在します。

また「お前」と呼ぶことによって、心理的に距離が近くなってより仲よくなれるという技もあります。

ただ、一般的にはおススメできません。

「お前」は絶対に使わないと決めて、名前呼びを目指すという形で問題ありません。

やらないことリスト10

✓相手を「お前」と呼ばない

声は大事。小さい声では信用されない

初対面の苦手意識を払拭するために、3倍大きな声にする意識で話すべきだとお伝えしました。

これは「苦手意識がなければ、小さな声でよい」という話ではありません。

基本的には、つねに声は大きく、意識的に張るべきです。

もちろん、TPOも関わってきますし、気になる異性とデートするとき、つねに大声では雰囲気が台なしです。

とはいえ、ほとんどの場面においては、声が大きいほうがよいでしょう。

なぜ、大きな声がいいのかと言うと、声を出すことで自信が出てくるからです。

もともと、私は声があまり大きくないので、今も毎日「声を大きく」を意識しています。

そうするだけで、コミュニケーションが円滑になり、自信が出てくるなど、得するケースがかなりあるからです。

小さい声でぼそぼそと話すことは、時に相手をイライラさせてしまいます。

大きい声を出すことは相手のためでもあります。

さらに、声が小さいというだけで、初対面やビジネスの場においては下に見られてしまうことも少なくありません。

声が大きい人のほうが人気がある

一方、声を大きく、態度を堂々とするだけで、相手から「この人スゴイ人かも」と思われることだってあります。

第一印象でそれだけのインパクトがあれば、次回以降はスムーズにその人とコミュニケーションが取れるでしょう。

また、大きな声のほうが、感情を乗せやすいというメリットもあります。

小さな声でも、悲しみを表現することはできますが、喜びや怒りといった、その他の感情を表現するには、相当な演技力、表現力が必要です。

大きな声は、喜びなどの陽性の感情はもちろん、悲しみなどのネガティブな感情も、泣き叫んだりすることで簡単に表現できます。


『ドラゴンボール』の孫悟空や『ONE PIECE』のルフィも、大きな声でわかりやすい感情表現をしているから、世界中で愛され、親しまれているのでしょう。


声が小さいと、会話も盛り上がりません。

実際、ホストクラブのイケメンでも、人気が出るのは声が大きく、明るいホストがほとんどです。

クールなイケメンなら、小声で「ふっ……」と微笑む仕草も似合うはずですが、そういう人は少数派。

悟空やルフィのように、「あっはっは!」と大口を開けて笑う人のほうがモテるのが現実です。

私が見る限り、感情表現の小さい人気ホストは、10人中1人いるかいないか、というレベルです。

イケメンが多いといわれるホストでそうなのですから、普通の人がクールな方向性で信用を積み重ねていくのは、かなり難しいでしょう。

仲よくなりたい人と親しくなりたいなら、大きな声で感情をしっかり表現することが大切です。

笑うときは大きな声がとくにおススメ

悟空やルフィ、ホストを例にしましたが、これは女性でも同様です。

絶世の美女が無口でたたずんでいたら、とくに男性は気にはなると思いますが、それはそれで敷居が高すぎて、距離を詰めるのは難しいと感じる人がほとんどでしょう。

日ごろはおとなしい女性も、仲よくなりたい人の前では、がんばって声を張ってみてください。

とくに意識してほしいのは、笑うときの声です。

TPOは意識しつつ、笑うときは大きな声を出しても大丈夫です。相手に「本当におもしろいと思ってくれたんだな」「明るそうな人だな」と思ってもらえる効果も期待できます。

やらないことリスト11

小さな声で話さない、クールに笑わない

ゆっくり話すほうが信頼感は増す

前項で「大声で話す大切さ」について触れましたが、声の大小に比べると、わかりやすい指標があります。それが、話すスピードです。

なかでも気をつけていただきたいのは、早口になることです。

近年、声が小さく、早口な方が増えていると感じます。

とくに男性は、早口で声も小さいとなると、小物感が出るので気をつけましょう。ビジネスの場などで、信用を得るのも難しくなります。

テレビや雑誌で取り上げられるような、優秀な経営者やビジネスパーソンは堂々としています。

そんな成功者たちのスピーチや取材の映像を見ていると、意外なほどゆっくりと話しています。

自分の会話を録音して、比べてみるとよくわかります。

かくいう私も、かつて「早口で何を言っているかわからない」と、お客様に言われたものです。

でも、意識するだけで変えることができました。

初対面の挨拶ではやや早口でもOK

ただ、どんなときでもゆっくり話すのが正解、というわけではありません。使い分けが大事です。

たとえば、初対面の挨拶などは早口が向いています。

あとは、みんなでお酒を楽しんでいる飲み会などでも、早口のほうが向いているでしょう。

テンション高めに話したほうが正解の状況では、やや早口でも問題ありません。

逆に、相手に信頼してもらいたいとき、営業でお客様を説得したいとき、好きな相手に気持ちを伝えたいときなどは、スピードを落としてゆっくり話すと、よく伝わります。

私も、実業家としてクライアントと高額な契約の説明をするときは、ゆっくりと話すように心がけています。

もし「自分の感情がうまく伝わっていない」とか「自分の感情をうまく伝えたい」と感じるときがあったら、ゆっくり話すことを意識してください。

まずはそこから始め、それでもうまくいかないと思ったら、声や身ぶり手ぶりを大きくすることを試してみましょう。

やらないことリスト12

早口にならない

第2章

相手から
好かれる会話の
盛り上げ方

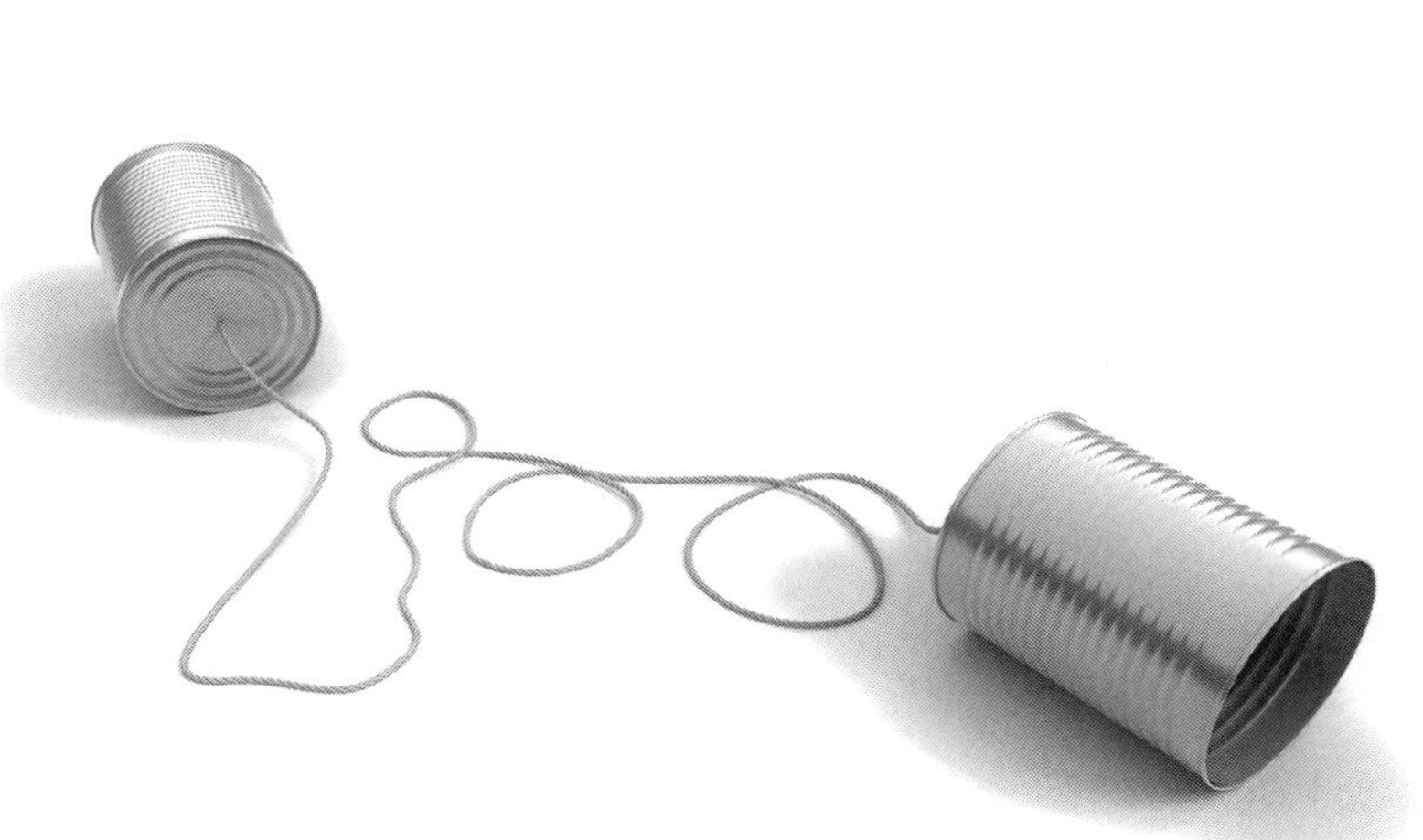

「相手の好きな話題」を自然に聞き出す技術

前章では、信用を得るために大切な、第一印象のまとめ方をお伝えしました。第一印象が悪いと、挽回のチャンスもなかなか得られないため、入り口は非常に重要です。

ただ、会話全体で言えば、ごく一部であることも事実。せっかく好スタートを切っても、その後クラッシュしてしまっては無意味です。油断せず、しっかりと心をくだき、話が盛り上がるように意識しなければいけません。

ここで大切になってくるのが「適度な会話のバランス」です。

相手を観察し、適切な話題をチョイスして、正しいバランスで話し、聞くことができれば、自ずと会話は弾むものです。

逆に言えば、話が盛り上がらない人は、バランスの見極めができていないのです。

そこで、この第2章では、話を盛り上げるポイントを見ていきましょう。

雑談は自分が「する」ものではなく「返す」もの

第1章で触れた基本を押さえた上で、**最初に意識してほしいのが「共通の話題」を探すこと**です。

先ほども触れたように、天気の話でも大丈夫です。とにかく会話を続けて、相手も自分も、ある程度、気持ちよく話ができる話題を見つけてください。

私は、接客するとき、まずお互いの共通点を探します。

100%フィットする話題でなくても構いません。まずは相手が話し、自分も話せる程度の共通点でOK。重要なのは「返す」という発想です。

大切なのは、相手が気持ちよく話すこと。

先ほど「適度な会話のバランス」が大切、と書きましたが、このバランスは相手7対自分3くらいの割合で聞き手に回るのが、相手を立てる会話の基本です。

私も駆け出しホスト時代、どうにかお客様と会話を続けようと努めていました。

しかし、自分だけが話しやすい話題でベラベラしゃべり続ける形になってしまい、よく「お前の話は聞いてない！」とお客様に叱られたものです。

会話の大前提として、自分から「話す」のではなく、相手の話に「返す」気持ちが大切。向こうから来たボールを、相手の手元に投げ返すイメージです。

たとえば、牛丼を食べるとき、これでもかと紅ショウガをのせる人がいます。紅ショウガを食べない人ですと、つい「美味しいの？」「体に悪くない？」などと言いがち。

しかし、それは食べる気がなくなってしまう物言いです。

相手と仲よくなりたいなら、「紅ショウガ、いいね！」と言うべきなのです。**無理に肯定する必要はありませんが、否定をしないのが返す上での大切なルールです。**

相手が自分の好きな話題を教えてくれる質問とは？

では、どうやって「共通の話題」を引き出せばいいのでしょうか？

それは、単に「相手の好きな話題」を探ればよいのです。理由は後述するとして、その話題を探すのに便利な質問があります。

「暇なとき、何してる？」

こう質問すると、その人が好きな物事を教えてもらえる可能性が高いです。私は初対面のときは、最初にいつもこんな質問をします。

また、大切なのは、ＹＥＳ／ＮＯといった決まった選択肢ではなく、具体的な回答が得られるオープンクエスチョンをすることです。

「暇なとき、何してる？」の答えが「買いものに行く」だったら、さらに「買いもの、楽しいよね。何を買いに行くのが多い？」とオープンクエスチョンを続けるのです。

相手の好きな話題が共通の話題となる

効果的な話題が見つかったら、どんどん「知らない」体《てい》で質問を重ねていきます。

私の場合、もし、自分が知っていることでも、あえて知らないふりをします。

たとえば「今セミナー業を仕事としている」という人がいたとしたら、仮に自分が方法論などを知っていても、そこでは何も言わずに聞きます。

ここで「あ、俺もセミナーよくやっていて、この前も大規模なセミナーやったよ」などと言うと、そこで話は終わり、相手の情報は得られないままです。

自分の話をする必要はありません。

こういう場合は、とにかく相手の会話をこわさず聞いてあげることです。そうすることで、相手の具体的な好みの情報がどんどん増えていくからです。

自分の知っている話題でも…

セミナーやってるんだけどね…
うんうん
本当は俺も知っているけれど

「知らない体」で聞いていこう！

つまり、自分がその話題に詳しい必要はありません。質問の仕方を間違えさえしなければ、「相手の好きな話題」が「共通の話題」になるのです。

これが、先ほど述べた、「相手の好きな話題」を探ればよい――という理由です。

先日「気になっていた女性の趣味が、カポエイラというもので困った」という男性の話を聞きましたが、私からするとうらやましい限りです。

「カポエイラって、ブラジルの格闘技だっけ？」

この質問から、どんどん掘っていけます。知らないふりをする必要もないので、純粋な勉強にもなりむしろ一石二鳥です。

やらないことリスト13

自分だけが話しやすい話題を選ばない

なぜ私は「チェンジ」されていたのか？

ホストの仕事で、いいところでもあり、厳しいところでもあるのは、つまらない話をしていると「チェンジ」されてしまうことです。

前項で、私が「自分だけが話しやすい話題」で盛り上がり、お客様に叱られたエピソードを述べました。

要するに、失敗したら、それとわかる結果を即座に突きつけられるのです。

ただ、その場で正直に怒ってくれる方は少数派です。多くの場合、人はその場では文句を言わず、やりすごします。

実際に昔の私は「え、あんなに盛り上がっていたのに、指名されないの？」と驚くことが日常茶飯事でした。

そう、やさしいお客様は、興味のない話でも、楽しそうに聞くふりをしてくれたのです。

未熟だった私は、それを演技と気づかずにいました。

ただ、幸運だったのは、その場で気づけなかった私でも、指名につながらなかったことで、お客様にご満足いただけなかった事実を理解できたことです。

失敗に気づくたびに、トライ・アンド・エラーを繰り返すことで、少しずつ指名を増やしていきました。

また、指名はいただけたものの、自分では「気づけない失敗」もあります。

それを見逃さないために、仲のよいお客様には、気になることがあるたびに聞いていました。

「俺のリアクション薄い？」
「話がわかりにくくない？」
「この話つまらなかった？」

このように、積極的に質問するようにしていました。

「恥ずかしいとき」がいちばん学んでいるとき

私は、コミュニケーションについては、よくお客様に確認していました。人がいちばん成長するのはフィードバックをもらったときです。実際、私には非常に有効でした。

しかし、普通の仕事をされている方が、日常的にこんな失敗に気づき、反省する機会は、そう多くないでしょう。

一般的な人と人との触れ合い、それもまだ関係性の浅い相手と話していて、「お前の話は聞いてない！」と叱られることなど、まずありえません。

大人になるとプライドもあるので、人に自分の欠点を言われることは、腹も立つし、恥ずかしく感じる人もいるでしょう。でも今、振り返ってみると、私は相手から指摘してもらったあとほど、成長していたように感じます。

つまり、自分が恥ずかしいと思うときは、同時に学んでいるときなのです。

だから、ぜひ相手に聞いてみることをおススメします。

極端な話、物言いがはっきりした人と話して、なかなか盛り上がらなかったと感じたら、「今日の僕、どこがダメでしたか?」と聞くくらいの姿勢がおススメです。

「今日の僕、ホストクラブなら指名してもいいと思いましたか?」なんて確認の仕方もあるかもしれません(笑)。

失敗を失敗と認めず、自分をアップデートする機会から目を逸らし続けることのほうが、長期的に見れば、そして本質的に考えれば、恥ずかしいことであるはずです。

裏を返せば、失敗したことを、無理やり忘れたり、強引に気持ちを切り替えたりする必要はありません。むしろ、次に同じ失敗をしないことが、自信につながるのです。

やらないことリスト14

失敗を無理に忘れたり、気持ちを切り替えたりしない

本当に「話が盛り上がっているか」をチェックする

会話が苦手な人は、話すのが苦手というよりも、コミュニケーション全体が苦手であることが多くあります。**そもそも「相手の様子を見ながら話す」こと自体を苦手とする人が少なくありません。**

しかし、相手をきちんと見て観察することは大切です。

なぜなら、相手の様子が、自分の会話の出来を教えてくれるからです。

緊張するシチュエーションになると、意識が内側に向き、つい「自分がうまく話せているか」が気になってしまいます。

そうではなく、意識を外側に向けて、相手がどう思っているのかを気にしながら、観察するようにしてください。

相手の反応を見ながら会話しましょう。

女性はシンプルに観察、男性は聞くのもアリ

私は話の盛り上がりを気にするので、会話中はつねに相手の様子を確認しています。

基本的には、女性が相手なら、楽しんでくれているかどうかをチェックするという意識で観察しましょう。

とくに女性は、笑顔やジェスチャーなどのリアクションが大きいので、もしリアクションがなくなったり、小さくなったりしたらすぐにわかります。

その分、女性のリアクションが明らかに小さくなるのは、相当につまらなかった証拠である可能性が高いですが……。

一方、男性はリアクションが小さい人も多いので、観察をしっかりしていても、どう思っているのかピンとこないこともあります。

そんなときは、正直に質問するとよいでしょう。

「Aさんは○○、お好きですか？」

「Bさんは、どう思いますか？」

こう尋ねてみて、その答えが微妙な場合は話題を変えてみてください。

男性の場合、女性に比べてリアクションが小さいので、直接聞いてみるのが有効です。

どうすれば相手を主役にできるのか、ということを意識しながら、観察してください。

やらないことリスト15

✓「自分がうまく話せているか」を意識しない

話題はそのままに、うまく主語を入れ替えよう

一般的にホストは、トークでお客様との場を盛り上げます。

ですから、ホストのことを「トークのプロ」のように思われている方がいるかもしれません。

しかし、そんなホストであっても、自分語りだけで続けていくのは難しいです。**おもしろい自分語りを続けられる話術の持ち主は、ホストの中でも1割もいません。**

自分の中にエピソードのストックはたくさんあるにせよ、どんな相手でも楽しませられるほどの鉄板エピソードは、そう多くありません。

相手によって、好きな話題や関心を持っている分野は違うからです。

また、一握りの売れているホストを見ても、お客様の話を掘って会話を盛り上げる人がほとんどです。

要するに、努力で真似できるのも、大きな結果が出るのも、自分語りを武器にしないタイプということなのです。

もちろん、10対0では会話が成立しないので、たまに自分が主役になる分には問題ありません。

しかし、会話の主役がこちらになったら、できるだけ早く、主導権を相手に「渡す」ようにしましょう。

一瞬で相手を話題の主役にする「スライド法」

おススメしたいのは、話題はそのままで、主語だけ入れ替えてバトンタッチするやり方です。

たとえば、あなたの学生時代の話でうまく盛り上がっていたら、「〇〇さんは、どんな学校に行っていたんですか？」と渡しましょう。

スライド法の使い方

1　あなたの学生時代の話で盛り上がっていたら

2　主語を相手に替えてみよう

3　相手も気分よく自分語りができる

「この前まで行ってた海外旅行は楽しかった」と話していたら、「〇〇さんはどの国が好きですか？」なんていうのもいいでしょう。

相手を主役にすべく、話題の主語をスライドさせていく。私は、この話術を「スライド法」と呼んでいます。

あなたも、ぜひスライド法を意識してみてください。やり方の基本としては、主語を入れ替えるだけなので、誰にでもすぐに使えます。

やらないことリスト16

自分語りをしない

話題を変えるタイミングを見誤らない作法

いかに相手を主役にすることが大切かをお伝えしてきましたが、話を盛り上げるポイントはそれだけではありません。

どれだけ盛り上がっている話題も、どこかで終わりが来ます。

また、話題の熱が盛り下がってきたら、完全に飽き切ってしまう前に終わらせるべきです。

その会話は終わらせて、話の矛先を変えたほうが相手は喜んでくれるでしょう。

ただ、自分のバランス感覚だけで、適切に話題を変えたり、続けたりするのは意外に難しいものです。

相手を観察しながら、満足度合いを見極め、判断を下していくのですから、失敗してしまうことだってあるでしょう。

私も、そんな失敗を繰り返しながら、少しずつ経験を積んで、判断の精度を高めていきました。

1つ言えるのは、声の調子などを見ながら、「もっと聞きたい」のサイン、あるいは「飽きてきた」のサインを見逃さないように注意することです。

リアクションやテンションの多さ低さがサインになるので、その差を観察できるようになるのが理想です。

話題の終わりを確認する「ほかには?」

また、話し好きの相手なら、直接サインを出してくれるので、その要望には絶対に応えてください。

たとえば先日、知人と栄養価の高いスーパーフードの話題になって、私がアサイーを食べた話をしたら、相手が「ほかには?」と尋ねてきたことがあります。

これは明確な「聞きたい」のサインなので、キヌアなどの話を続けました。

ちなみに、相手が興味を持っているのに、こちらがネタ切れになることもあると思います。

そんなときは、話題は継続しながら、相手にバトンを渡してみましょう。先ほどご紹介した「スライド法」で、主語を替えてみるのです。

「ごめんなさい、食べたことがあるのはアサイーくらいなんです。○○さんは、ほかに何か知ってますか？」

これで、相手にバトンが渡り、あちらが話し始めてくれるでしょう。

やらないことリスト17

同じ話題を引っ張りすぎない

三流は話す、二流は聞く、では一流は？

この本では、相手を主役にする大切さを述べています。

しかし、**そもそも会話を苦手とする多くの人は、「会話の主導権」という発想がないようです。**自然に自分がしたい話をしています。

人は自分の話をしたがる生き物なので、とくに意識をしなければ、勝手にそうなってしまうのが当たり前なのです。

よくあるのが、「会話の乗っ取り」です。

会話の乗っ取りは、たとえば相手が出張の話を始めたなら、そこで「この前、私は中国に行ってきたんですよ」と口をはさむやり方です。こう書くと、心当たりのある方も多いのではないでしょうか。

1・話す、2・聞く、3・引き出す!

会話の乗っ取りを防ぐには、自制するよりほかありません。相手の話が終わるまで自分語りは避けましょう。

三流は自分が話したいことを話し、二流は自分が聞きたいことを聞き、一流は相手が話したいことを引き出します。

これは、三流や二流がやってしまうのが、会話の乗っ取りなのだと言い換えることができます。こうした「やるべきではないこと」をしないように気をつけるだけで、劇的に相手の話に乗りやすくなります。

やらないことリスト18

話題を乗っとらない

定番の挨拶には、特別なひと言をプラスする

「それだけで話が盛り上がる」というほどの必殺技ではありませんが、誰でも簡単に実践できる小技があります。

定番のひと言に、何かもうひと言をプラスすることです。

たとえば私は、ホストクラブの後輩に「お疲れさま」と言うとき、「いつもていねいで助かるよ」とプラスします。

ポイントは、誰にでも通じることではなく、その人を日ごろから観察することでわかる個別的な情報を入れ込むことです。

今の例で言えば「いつもていねいで」が、それに当たります。

仮に、何も思い浮かばない相手なら、誰にでも言える「助かるよ」をプラスするとこ

ろから始めて、その人を観察してみましょう。それが、相手に好きになってもらうために、相手を好きになる第一歩にもなります。

「いつもていねいで」のような、その人を見ているからわかる言葉をプラスできると、相手も「自分の仕事を見てくれているな」と感じます。

あらかじめ声かけのセリフを用意しておく

とはいっても、急には言葉が出てこない人も多いでしょう。そんな人はあらかじめ、セリフを準備しておくとよいです。

私が働いているお店は、現在50人ほどのスタッフがいて、かつては私が代表を務めていました。

代表のときは、できる限りみんなのことを個別に見てあげたほうが喜ぶ、と考えて、私は普段からスタッフをつぶさに観察していました。

そして、次のように言うことを決めておき、1日の終わりなどのしかるべきタイミングで伝えるようにしていました。

「お疲れさん！　いつも盛り上げてくれてありがとう」

「お疲れさまです。今日は自分の席のヘルプに座ってくれてありがとうございました」

程度の差はあっても、自分を理解してほしい、認めてほしいという承認欲求を持たない人間などいません。

このようなひと言で、承認欲求が満たされ、一気に心を開いてくれる人も中にはいるので、簡単にできる割には、じつに効果の大きいテクニックです。

日ごろからの観察と、相手を理解しようとする行動が背景にある、ひと言のプラスをぜひ意識してやってみてください。

そのうち自然にできるようになります。

やらないことリスト19

挨拶や声かけをおろそかにしない

喜怒哀楽と行動を相手に合わせよう

「心の中の上から目線」と「3倍の声と動きを意識する」と同じか、場合によってはそれ以上に大事なポイントが、「相手の感情に自分の感情を合わせること」です。

たとえば、相手が明らかに悲しそうな様子をしているなら、自分も悲しそうにして合わせるのが正解です。

この場合、いつものように声や動きを3倍にすると、楽しそうにしている感じになるので、そのやり方は一度忘れ、話し方やリアクションを抑制的にするべきでしょう。

よくあるのが、相手の感情に合わせず、思ったことを正直に言ってしまうことです。

たとえば、職場で上司とうまくいっていないという愚痴を聞いていたところ、どうも上司の言動が正しいと感じたので「いや、それは上司の気持ちもわかるよ」と言ってしまう。

こんなこと、よくありますよね。

私も経験があります（笑）。

とくに、結論や事実にこだわる男性に多い現象ですが、相手は正論を求めているわけではなく、共感が欲しいのです。

相手の感情に合わせずに正論をぶつけてしまうと、話は絶対に盛り上がりません。

相手からもらった情報に合わせて動く

また、感情だけでなく、行動も合わせせることができると、非常に効果的です。

少しレベルの高いテクニックになりますが、相手に言われたことを実行すると、それだけで信頼関係が生まれます。

行動のレスポンスが、早ければ早いほど効果的です。

たとえば、相手が「あの映画、観たほうがいい」と言ったら、その場でチケットを予約する。

「この本、絶対に読んだほうがいい」と言ったら、スマホで即ネット通販で注文し、画面を見せる。

その際、「読むのが楽しみです!」などと、ひと言足せるとなおよいでしょう。

逆に言えば、情報をもらっただけでは止まってしまい、寝かせれば寝かせるほど損になります。

与えたことをやってくれた人には、次の情報を与えたくなるので、信用される上に、いい情報がどんどん入るようになります。

また次のおススメ本があるときは、教えてくれるようになるのです。

直接おススメされたもの以外でも、たとえば、SNSにジョギングを始めたと投稿している人に「最近ジョギングされてますよね。僕も毎朝走るようにしてるんです」と言ったら、相手は嬉しく思うでしょう。

これも「行動を合わせる」の一種です。

発言でも、行動でも、とにかく相手の「好き」を肯定し、否定しないことが大切です。

あなたの目的が「相手と仲よくなること」なら、極端な話、少なくとも最初のうちはお調子者で構いません。

徹頭徹尾、相手の喜怒哀楽に合わせてつき合うことができれば、自ずと話は盛り上がります。

相手のためを思って自分の意見を言うのは、仲よくなったあとでも充分にできます。

やらないことリスト20

正論を言わない

次につながる終わり方をしているか？

これから仲よくなりたい人と、会食などの機会を得たとき、次の約束をどうするかに頭を悩ませる人は多いと思います。

しかし、成功するかどうかはともかく、約束は必ずその日の終わりまでにするべきです。その理由は2つあります。

①会っているときがいちばん盛り上がっており、もっともアポイントメントを入れやすいから。

②「また会いたい」と意思を伝えること自体が、好意の伝達になって相手も「また会いたい」と思うから。

プライベートであろうとビジネスであろうと、次のアポを入れやすいのは会っているときです。

メールやLINE、あるいは電話しているときなどよりも、実際に会っているときがいちばん約束をしやすいです。

会っているときは熱量が高く、会っていないときは熱量が低いというのは、覚えておくといいでしょう。

さらに「次、いつ会えますか?」と約束をしようとすることは、相手を好きだと言っているのとイコールだと言えます。

このような言葉に乗せた感情は、面と向かってダイレクトに言わなければうまく伝わりません。

また、仮に話が盛り上がらなかった場合のフォローにもなります。

その場で次の約束をしようとすることで、少なくとも、**会話はうまくいかなかったけど、それは単に話術や緊張の問題で、好意はあるのだと伝えられる**のです。

突飛に誘う場合、普通に誘う場合

ちなみに、初対面でうまくいかなかったけど、機会があればまたぜひ会いたい、仲よくなりたいという相手の場合、珍しい場所を提案してみるのもおもしろいでしょう。

「次は火鍋でもつつきながらどうですか？」

これくらい脈略のない話でいいと思います。
もし、初対面でのコミュニケーションがいまいちでも、場所がおもしろそうなら、アポが成功する可能性はあります。
成功したら、初対面の失敗を取り返すことだって可能です。
一方、話がちゃんと盛り上がったときは、普通に誘えば問題ありません。

「時間になってしまって名残惜しいけど、またこんな機会をいただけますか？」

このように、正直に言えばOKです。読者からの相談などでも、話の締め方に悩む方が多いと感じるのですが、**仕事で次のアポイントメントを取る場合などは、これがもっともシンプルで簡単なクロージングなのでおススメ**です。

話が盛り上がった場合、アポの成功率も上がりますし、好意を伝える効果も高く一石二鳥です。

ぜひ、その場で約束をしてください。

よく「断られるのが怖くて、その場で言い出せない」という人がいるのですが、その場で成立しない約束は、あとでお願いしても成立しません。

少しでも可能性が高いうちにやるべきです。

鉄は熱いうちに打ちましょう！

やらないことリスト21

「次の約束」を先送りしない

第3章

女性は共感を求め、
男性は結論を欲する

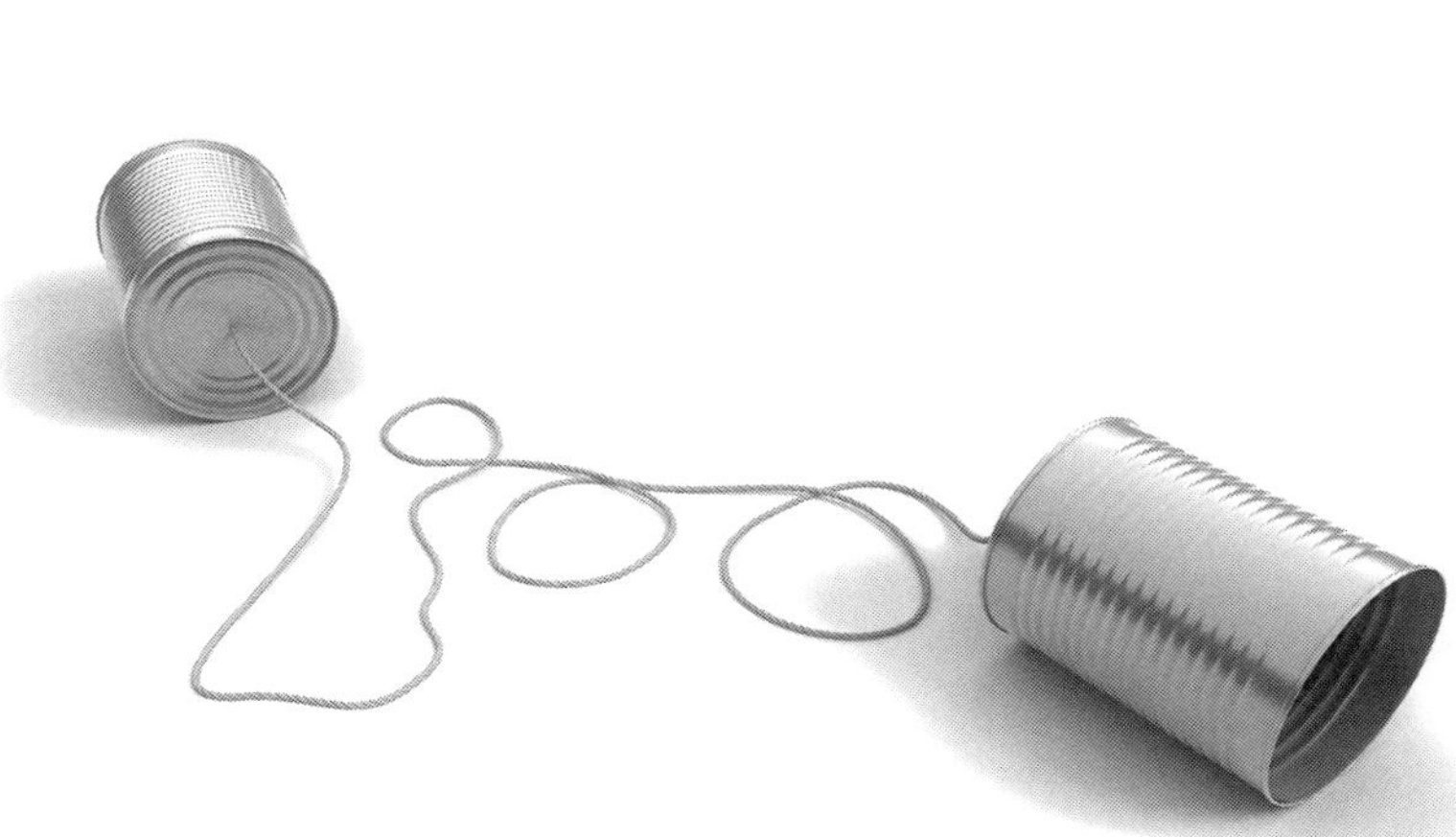

結果思考&上下関係の男性、過程思考&水平関係の女性

この章では、話し相手のことをより意識したコミュニケーションについて話したいと思います。

あなたと話す相手が、男性であるか、それとも女性であるかで、コミュニケーションを変えたほうがいいからです。

それは同時に「男性と女性の違い」につながります。

この違いを理解しない男性が、女性を立てようとしても、まずうまくいきません。

なぜなら、男性が「自分なら楽しいと思える話」を女性にしたところで、ほとんどの場合、女性にとってはおもしろくないからです。

第1章で「男性は結論を求め、女性は会話そのものを求めている」と述べました。

女性を会話で楽しませるには、相手のことを意識し、主役として立てるのが大前提です。

ただ、それだけではなく「女性が喜びそうな話」をチョイスするのも重要なのです。

女性とうまく話せない男性は、まず女性の考え方や、コミュニケーション術を学ぶところから始める必要があります。

結果を求める男性と過程を重視する女性

中国の兵法書『孫子』にある「彼を知り己を知れば百戦殆《あや》うからず」というくだりをご存じの方も多いでしょう。

相手のこと、さらに自分のことをよく知っていれば、つねに負けることはないという意味です。

ここでいう「彼」とは異性のことです。


男性と女性は地球人と〝宇宙人〟くらい違います。

それを理解しないまま会話すると、コミュニケーションがちぐはぐになってしまうのは当然です。

男性は結果を求めて、女性は過程を重視します。

この違いは、雑誌を見れば一目瞭然です。

私はホストを始めた当初、女性誌を片っ端から定期購読していました。ホストクラブに来る女性の価値観はさまざまなので、それを勉強するためです。

女性誌を読んでいると、結果よりも過程を重視する内容が盛りだくさんでした。

たとえば、女性誌には「アフター5にデートがあるときはメイクをどうする?」「職場ではネイルをどうしている?」「翌日も顔がむくまないようにするには?」「初デートに洋服は何を着ていこうか?」など、外見に関する記述が多く見られます。

外見を重視するというのは、つまり人に気に入られる前段階の過程を重視しているのです。

異性との関係であれば、異性と仲よくなるための過程と言えます。女性は、ここを重視するのです。

でも、男性は違います。

売れている男性誌に目を通すと「女子大生をナンパする場所はどこがいい？」「美人OLと仲よくなるためのアプリは？」「気になる彼女とベッドインする方法とは？」など、**結果にコミットする内容が非常に多い**のです。

少なくとも「男性も爪を磨こう」とか「男性もメイクをしよう」なんていう内容はありませんでした。

男性は上下関係、女性は水平関係

人間関係についても、男女で違いが出ます。男性は上下関係を重視し、女性は水平関係を大事にする傾向が強いのです。

話していても、男性はすぐにマウンティングします。

たとえば「あいつより俺のほうが上」「年上なんだから、もうちょっと態度を考えろ」などという言動が多いのです。ですから、男性を相手に会話する際には、上下関係を意識した話し方をすると盛り上がりやすいでしょう。

次のような感じで、自分は下に回り、相手をよいしょしてあげましょう。

「〇〇さん、さすがです！」

「いや～、〇〇さんにはかないませんね」

一方、女性にはこのような感覚はほとんどありません。上下関係よりも、水平関係を重視する傾向にあります。

もちろん、女性にも上下関係があることは承知してますが、男性社会に比べるとたいした問題にはなりません。

ある編集者に聞いたのですが、女性の部下が同性の上司に不満を持つとき「自分はよくて、私はダメと言うのはずるい！」というケースがけっこうあるそうです。

でも、それは男性からすれば「いや、上司なんだから、部下と立場が違うのは仕方ないじゃん」となります。上下関係が普通となっている男性と、水平関係を重視する女性との違いが出た形です。

もちろん、男性は「管理職と平社員で待遇が違って当然だよ」などとは、思っても口にしてはいけません。

仲よくなりたい女性が、上司との関係がアンフェアだと言ってきたら?

「そうだね、きみの言うとおりだよ!」

同意の一手で女性の味方になりましょう(笑)。

やらないことリスト22

男性と女性で同じように話さない

よく使う言葉と好きな話題、男女でこんなに違う！

女性がよく使う言葉は「かわいい」「綺麗」「素敵」など、男性とはまるで違うモノです。

たとえば、あなたのまわりに「わあ、ステキな風景だね〜」なんて言う男性はいますか？

おそらく、あまりいないと思います。

なぜ女性はよく「かわいい」と言うのか？

女性がよく使う言葉の中でも、とくに「かわいい」はポイントとなる言葉です。

すでに述べたように、相手の「好き」を否定してはいけません。

相手の「好き」を認め、肯定し、共感することで、人間関係の構築が始まります。

では、女性に共感を示すには、どうすればいいのでしょう。

そのヒントが、「かわいい」です。


女性が「かわいー!」と盛り上がっているのを見て「本当にかわいいか?」と疑問を抱いたことのある男性は多いでしょう。

このギャップが生まれるのは、「かわいい」の用法が男女で異なるからです。

結論や事実を重視する男性は、文字通り目で見てそう感じる対象に、「かわいい」という言葉を使います。


しかし女性は、男性と同じ使い方だけではなく、広く対象を認め、共感していることを伝える、褒め言葉としても「かわいい」を使うのです。

だからこそ、男性の何倍も、何十倍も女性は「かわいい」と言う機会があるし、男性がそう思えないものにも「かわいい」と言うわけです。

また、女性の「かわいい」は、精神的な要素なども含めて、対象となる範囲が広いため、非常に便利な言葉でもあります。

自分としてはあまりピンとこないけど、仲よくなりたい女性の「好き」を認めて好感度を上げたいと思ったら、あなたも「かわいい」と言って言葉を合わせるのも手です。

私はホストをやっていたおかげで、今では「ステキ！」「かわいい！」はもちろん「美しい」「綺麗」など女性がよく使う言葉を話すことが日常的になりました。

自然に同じ表現を使うようになったのです。

「好き」の否定は、とくに女性が相手の場合、絶対にしてはいけません。

「自分は好きじゃないな」と思っても、そんな感想を伝えるくらいなら、あまり思っていなくても「かわいい」と言うべきです。

女性は「美容・恋愛・幸せ」、男性は「お金・成功・ビジネス」

よく使う言葉だけではなく、好きなテーマに関しても、男女で違いがあります。

そのヒントが、一般の書籍です。

女性の読者を意識した書籍のタイトルを見ると、男性向けの書籍とはまったく違うことがわかります。

たとえば「愛されるために」とか「幸せになる魔法」など、男性向けの書籍では絶対に出てこないタイトルです。

そして、そういった本が女性によく売れているのです。

売れるテーマもある程度は決まっていて、女性なら、美容（ファッションや健康を含む）、恋愛、幸せについてです。

これが男性向けのタイトルですと「最強の仕事術」や「一流の交渉力」などが目立つようになります。

売れるテーマも、お金、成功、ビジネスなどです。

女性に「一流になりたい？」と言っても、ほとんど響きません。

それよりも「綺麗になりたい？」と言ったほうが関心を持たれます。

同様に、男性に「顔が小さくなる美容レーザーがある」と言っても、ほとんど興味を持たれないでしょう。

ですが「楽して大成功する方法があるんだけど……」と言うと、けっこうな人が食いつきます（笑）。

男性は集まらなくても女性は予約満席！

私も、自分でセミナーを主催して、初めて気がついたのですが、恋愛セミナーを男性向けにやっても、ほとんど集まりませんでした。

たとえば「外見を磨こう」「こういう洋服を着よう」と言っても、男性にはまったく響かなかったのです。

でも、このセミナーを女性にしたらどうなったでしょうか？


予約はすぐに満席になり、しかも、一度のセミナーで3万〜4万円するセミナーでも、女性がたくさん集まるのです。

この違いを、具体的に知っているか知らないかは大きいです。

女性を相手に話すときは、美容や恋愛、幸せをテーマにするといいでしょう。

逆に、男性と仲よくなりたければ、ビジネスやお金、成功の話を入れていくと話は盛り上がりやすいと言えます。

やらないことリスト23

女性の「かわいい」を疑わない

「でも」「要するに」で縁が切れてしまう

会話のはじめに「でも」「しかし」など、否定的な言葉をはさむ人がいます。

とくに、事実や結論を重視する男性は、自分の意見や感想を正直に伝えることが多いでしょう。

また、議論を好む傾向が強いので、相手を言い負かし、マウンティングしたい人もいます。

そこで、相手の意見に思うところがあったら、「でもさあ、俺はこう思うんだけど」といった物言いをすることがよくあります。

しかし、仲よくなることを目指すなら、自分の意見や好き嫌いは必要ありません。

「そうなんだ！」と言うだけです。
たとえば「バッグ買ったんだ」と女性が見せてくれたら、「おおー！」「いいね！」と言うだけにとどめましょう。

「でも、こういうのも似合うんじゃない？」などと意見を言ってはいけません。
私も新人時代、この「でも」で、ずいぶんお客様との会話の雰囲気を悪くしてきました（笑）。

「よくこんなの見つけたね。かっこいいなー」

シンプルにこれだけ言ったほうが、より正確に思いを伝えることができます。
否定的な口癖のせいで、正しく伝えられなかったら、単純に損です。

雑談はまとめなくていい

これと同じくらい気をつけたいのが、「要するに」や「結局」です。

これは、話をまとめようとするときの枕詞《まくらことば》で「でも」や「しかし」と同じように、やはり男性が好む物言いです。

しかし、話の結論を出されることを求める女性は、そう多くいません。

男性がその調子で女性と話していると、会話そのものを楽しみたい女性はおもしろくないのです。

ホストクラブで、私がお客様にそんなことをしたら「勝手にまとめないでよ！」と叱られてしまいます。

話は脳内で整理し、相手には伝えないようにすればよいのです。

自分なりのまとめや結論を相手に伝えるのは、自己満足でしかありません。

論理的な話し方では盛り上がらない

実際、先日もこんな出来事がありました。

私を含めた男女のグループ5人で話していたときのこと、ある女性が私に「私、SEなんでITに詳しいんです」と話しかけてきました。

一言でSEといっても範囲は広いので、私は「どんなお仕事をされているのですか?」と聞き返しました。

その女性は「システム管理などです」と答えてくれましたが、そう言われたところで、やはり漠然としていてよくわかりません。

でも、私は「そうなんですね」と相槌を打って、それ以上は突っ込みませんでした。さらに話を続けて、そこで結論を出すことに意味はないと思ったからです。

しかし、近くにいた男性が「私もSEをやっていたんですが、どういう仕事なのですか?」と、さらに突っ込みました。

その男性から女性に対する突っ込みが続き、やり取りは10往復くらいに及びました。

結局、彼女はワードやエクセル専門で、じつはそれほどSEの仕事に詳しくないということがわかったのです。

その時点で、たしかに結論は出ました。

しかし、その後の雰囲気は一気に悪くなったのは言うまでもありません(笑)。

男性の執拗《しつよう》なやり取りによって、その女性が気分を悪くしてしまったからです。

このように、男性側の結論を求める姿勢は、つねに正しいわけではないのです。

話をまとめたり、結論を出そうとしたりすると、どうしても論理的な話になってしまいます。

そのような会話を嫌う女性は少なくありません。

雑談が論理的なものになると、感情的な盛り上がりが損なわれます。

さらに、論理的な話をしすぎると、相手から冷たい性格に見られてしまうという危険性もあります。

それよりも、声の大きさや体の動きを3倍にするほうが、よほど大切です。

やらないことリスト24

「でも」「しかし」や「要するに」「結局」を言わない

女性との会話は「正しさ」より「楽しさ」

女性が会話で大切にしているのは、感情の盛り上がりです。
感情表現が豊かな女性は、表情や声の大きさなど、第三者が見てもわかりやすい盛り上がり方をすることが多いです。
逆に言うと、わかりやすい盛り上がり方ができない男性が、そんな会話の輪に加わると、全体のテンションが下がってしまいます。

女性と一緒に自然に盛り上がることができている男性は、声の大きさや動きが大きく、女性の中でも浮いていません。

反対に、女性の感情に合わせられない男性は、居心地が悪そうに感じられ、浮いて見えます。

そもそも、女性と会話する前に「女子慣れ」していない男性が少なくありません。

いざ、女性を前にして話そうとすると、妙に女性を意識してしまい、ドキドキしてしまう人も多いと思います。

かくいう私もそうだったので、お気持ちはわかります。

緊張しなくなるいちばんのコツは、女性に慣れることです。

とはいえ、「そんなすぐに慣れませんよ」と思われた方もいるでしょう。そこで、私が実際におこなった中で、もっとも効果的だったメソッドを紹介します。

それば、女性が集まる場所に自分を置いてみること。

半ば強制的に、自分自身を女性たちの中に入れてしまうイメージです。

たとえば、習い事では、料理やダンス教室に通ってみましょう。

女性が多そうな集まり、たとえば何かのイベントやセミナー、パーティーに行ってみるのもアリです。

とにかく、1日1回を目標に女性と話すと決めて、話すように心がけてください。

雑談では事実にこだわらなくていい

ここで気をつけたいのが、事実と感情の関係です。

前項でも触れたように、論理と感情は相いれないことが多いもの。**男性は細かい事実を重要視しがちですが、話を盛り上げるには、それを忘れることです。**

そうしなければ、相手の感情にうまく寄り添うことができません。

雑談では、相手よりも正しい情報を持っていたとしても、相手の感情を優先しましょう。論理や事実にこだわらないように気をつけてください。

たとえば、新築マンションを買ったばかりの人に「でも、新築は広告費とプレミアが乗ってるから、買った瞬間に価値が下がってるよ」「結局、2020年すぎたら安くなるのに」などと言ったら、不快に感じるに違いありません。

ですから、女性と仲よくなりたければ、同じように感情を重視してください。新築マンションを買った人には、「買ったんだ、いいね！」でよいのです。

感情を乗せることが大事

女性と会話のやり取りをする中で、大事なのは「感情を乗せる」ことです。

とくに男性は、とにかく感情表現が乏しいので、意識してください。

おススメは「共感ワード＋感情ワード」で返すことです。

共感ワードとは「それいいね」と相手に同意することで、感情ワードとは「素晴らしい、綺麗、かわいい」などの形容詞です。この2つを入れてあげましょう。

たとえば、女性が「この前、甥っ子が志望校に合格したんだ」と言ったとします。

あなたなら、どうお返ししますか？

A「あ、そうなんだ！」
B「おお、それはよかったね！　おめでとう！」

考えるまでもなくBと答える人が多いでしょう。

まず「それはよかったね！」が共感ワードで、「おめでとう！」が感情ワードとなります。

このように、必ずポジティブな共感ワードを入れることです。そのあとに何か感情的な表現を入れることを心がけましょう。

感情ワードは、最低1つは入れたいところです。感情表現がうまくなればなるほど、女性からは好感を持たれます。

仕事でお願いをしても聞いてもらいやすいでしょうし、プライベートにおいても、女性とのコミュニケーションを円滑にすることができます。

女性が「こんなことあったんだよ」「こんなスゴイ人がいてさ」という内容の話を男性にすると、男性は上下関係を意識する生き物なので、すぐに「たいしたことない」「もっとすごい人を知ってる」という言い方をします。

仮に、それが事実であっても、そんなときは少し我慢してください。

「うん、それいいじゃん」「よかったね」に変換しましょう。

認めるだけでいいのです。

私自身も、かつてはモロに、この「上下関係マウンティングパターン」におちいっていましたので、ときどきお客様との雰囲気が悪くなるときがありました。

でも「いいね」「よかったね」を多用し、さらに感情ワードを入れることを意識したところ、お客様との関係もよくなったのです。

まずは「いいね」「よかったね」を、ぜひ使ってみましょう。

やらないことリスト25

正しい情報にこだわらない

「効率的な雑談」というのは成り立たない

話をまとめにかかったり、結論を求めたりせずに、女性の感情に合わせる――。

これらを実行するために、**もう1つ意識していただきたいのが、効率を重視しないことです。**

もちろん、それは決して悪いことではありません。

時間の制約がある会議などは、効率を高めることも求められます。

ただ、感情を重視し、会話そのものを楽しもうとすると、とくに女性との会話においては、マイナスに作用することが多くなるでしょう。

効率にこだわると、「中身のない話」がどんどん排除されていきます。

たとえ「要するに」や「結局」をNGワードにしたところで、全体的に話を圧縮するような流れになってしまうので、話題もどんどん変わっていくことになります。

そうなると、会話そのものを楽しみたい女性にとってもマイナスですが、会話が苦手な男性にも不利な展開になります。

よほど話題をつないでいくことが得意な方でもない限り、多くの場合、自分の首を絞める格好になってしまうのです。

質問攻めは避ける

ただ、第1章でも触れたように、質問を矢継ぎ早に浴びせると、相手は質問ではなく尋問をされているように感じてしまいます。

「ひと掘りごとにひと褒め」が鉄則だとお伝えしましたが、さらに言うなら、質問のペースを3分に1回くらいに抑えるのが理想です。

とはいえ、実際にやってみると、なかなか長くて大変です。

まずは「できるだけ質問攻めにしない」という姿勢を意識し、自分で心がけることか

ら始めましょう。

効率性には功罪がある

さらに、効率性を重視しすぎて、話をまとめようとすると、どうしても冷淡な雰囲気が出てしまいます。

仕事の場など、効率を求めるべき場であればよいのですが、とくに女性と仲よくすることが目的なら、非効率に徹することが正解なのです。

やらないことリスト26

効率的に会話を進めない

「社外で少人数の1時間」が仲間意識を育てる

男性同士の場合では、ここまでお伝えした内容と、正反対のやり方が正解となることもあります。

基本的に、男性は「中身のない会話」を好みません。

会話そのものを楽しむ女性に比べると、男性は会話の先にある結論や事実を重視します。

そのため、ビジネスシーンでよく言われる「結論から話す」「ポイントを先に言う」といった話し方が効果的です。

また、仮に年下の男性が相手で、あなたが男性であっても「お前」と呼ぶことには気をつけましょう。

とくに今の時代は、相手が年下でも、最初は敬語で話して「○○くん」「○○さん」と呼ぶのが無難です。

ていねいな口調でコミュニケーションする深い関係性も、今どきは珍しくないので、ずっと名字で呼び、軽めの敬語で話せば問題ありません。

「1時間だけ」を積み重ねよう

仕事をしていく上で、同僚と「仲間」になることができないと、やはり成功するのは難しくなります。

基本的にはどんな職場においても、同僚は競争相手であるとともに仲間なので、これは当然かもしれません。

同僚との仲間意識を育てるために大切なのは、「社外で何度も会う」ことです。

単純に「社外で会う」、それだけで相手との関係性は深まります。

いつもと違う場所というだけで、少し特別感が出るからです。

これは、とにかく量がモノを言います。ひとえに努力あるのみです。

何度も繰り返し、社外で話をする機会を持ってください。


また、もう1つ条件があります。

それは、社外では「少人数で」会うということです。

私は「この後輩と仲よくなりたいな」と思うときは、まずはいつもと違う空間、社外で会うことを意識していました。


しかも、仲よくなりたいなら人数は少なければ少ないほど効果があります。

社外で、なおかつ少人数という条件は、そうでないと引き出せない悩みがあるからです。

同僚の精神的なケアは、日常的に気にかけるべきポイントですが、職場で話すと「なんでもない」と言う人が、外では「じつは……」となることはよくあります。

また、仕事では折り合いが悪い人と、共通の趣味をきっかけに仲よくなることもあります。

自分が同僚を好きになり、自分を好きになってもらうためにも、職場以外でのつき合いを持つことは大切です。

仕事終わりに1時間だけ、ラーメンやお茶をつき合ってもらう程度で大丈夫です。努力以外、時間やお金はそれほどかかりません。

ちなみに、量を積み重ねる上で、質を気にする必要はありません。

いわゆる「飲みニケーション」が苦手な人も、最初から「1時間だけ」などと時間を区切られれば、あまり断ってきません。

日ごろからこつこつと「1時間どう?」と誘うのがおススメです。

やらないことリスト27

同僚を軽視しない

男性は「すごい」「さすが」「要するに」が盛り上がる

私はよく、男性相手の会話に困ったら、とにかく「すごい」や「さすが」で盛り上げよう、とアドバイスしています。

「そんな単純な」と思うかもしれませんが、自分に置き換えて考えてみてください。

どんな理由であれ、人が自分のことを褒めてくれたら、そこまでイヤな気分にはならないと思います。

少なくとも私は、たとえ「苦しまぎれだな……」と感じても、そうしてまで自分を喜ばせようとしてくれていることを、素直にありがたいなと感じます。

基本的に、人間は共感を示されると、嬉しく思う生き物です。

相手が大切に思っていることに、共感を示すことができれば、話は自ずと盛り上がるものです。

相手を立てようとする姿勢に欠けている人は、とくに男性に多い印象です。

先日も、カフェで原稿を執筆中に、隣席でこんな男性同士の会話がありました。

「今日、長男が5歳になりまして」

「そうなんですね」

私は心の中で「それだけかい!」とツッコミを入れてしまいました(笑)。

とくに男性は、こんなふうに「話題のスルー」をすることが本当に多いです。

相手が自分から言ってくることは、基本的に「深掘りしてほしいこと」ととらえて差し支えありません。

子どもの話をしたいのが見え見えなのに、なぜスルーしてしまうのでしょうか?

ここで「もう5歳ですか!」と拾えれば、どれだけ自分が話しベタでも、相手は気分よく、勝手にお子さんの話をいろいろしてくれるでしょう。

それなのに多くの男性が、お祝いを言うにしても「おめでとうございます」止まりなのです。

褒め言葉は、とにかく量がモノを言います。

前項の内容と同じです。

「本当によかったね！」「子どもの成長はすごいなー」「もうすぐ小学生なんですね！」とか、嘘はいけませんがなんでもいいので、どんどん盛ってください。

「話をまとめる」が有効

さらに、褒めることに加えて、もう1つおススメなのが「要するに」「結局」などと、聞いていた話を要約することです。

先ほどは「要するに」「結局」をNGワードとしてあげましたが、褒めとセットにすると、自分が感心した理由が相手にも伝わって効果的になります。

そして、**ちゃんとまとめられるのは、話をしっかり聞いているからこそ。**

相手に「お話を興味深く聞いていました」というメッセージを伝えられます。

とくに男性に対しては有効なテクニックで、これも共感を示す方法の一種です。

ちなみに、私は「すごい」や「さすが」を言うときは、「〇〇さん、すごいですね！」とか、「さすがだよなー、〇〇さん」といった形で名前を入れるようにしています。

ほんの小さな違いですが、単なる「すごい」や「さすが」だと、テンプレート的な対応に見えてしまうこともあるからです。

「ちゃんとあなたに向けて言っていますよ」という姿勢を伝えるためにそうしています。

やらないことリスト28

格好のネタをスルーしない

空気を読まずにどんどん誘って褒めまくろう！

前々項で「社外でのつき合い」をおススメしましたが、近年、お酒が苦手な若い人が増えるなどして、飲みニケーションの人気がないと言われます。

そのような空気を読んで、人間関係を深めたいと思っても、つい遠慮してしまう人も多いでしょう。

しかし逆に言えば、そんな時代では自分から動かなければ、誘ってもらえることもないということ。

同僚との関係を動かすには、こちらからアタックするしかありません。

あえて「空気を読まないこと」が大切です。

空気を読むことばかり気にする傾向にありますが、親しくなることができれば、相手からも気軽に誘われるかもしれません。

ただし、空気を読まず動く場合、注意点があります。

近年のコミュニケーションで、もっとも気をつけてほしいのが「自分のやり方を押しつける」ことです。

私は年齢が10歳違えば、外国人だと考えるようにしています。

とくに年齢の離れた部下に、自分の考えや、やってきたことを押しつけてはいけません。

人はついつい自分が学んだ方法が絶対だと思って人に伝えてしまうもの。たとえば「俺が若いころはこうやって学んだんだ」と、自分の学びを押しつけがち。

仮に、実際に有効なアドバイスであっても、「無理やり押しつけられた」と相手が感じたら、好感度が劇的に下がってしまいます。

相手が押しつけと感じず、受け入れることも、断ることも素直にできる空気、関係性をつくってください。

断れるように誘い、必ず3回は褒める

また「絶対に断れない誘い」では、誘われたほうがつらくなるだけです。相手が断れる誘いで、量を積み重ねてください。

相手の懐に入り込んで、偉そうな態度をせずに、褒め（ここでも量を稼いでいきましょう）ていけば、けっこう簡単に喜んでもらえます。

私はあるときから、1日3回、決めた相手を褒めることをノルマにしていました。

ただただ純粋に人を褒めるのです。

とくに男性は、相手の悪いところを見がちです。

しかし、そうやってルールにしたほうが、褒められる点を見つけられるものですし、相手を好きになれるのでおススメです。

また私は、店に新人ホストが入ったら、必ず飲みに誘っていました。あえて空気を読まずに、自分から積極的にどんどん声をかけていました。

ただし、上司の圧力を出さずに、断りやすくするのも意識していました。逃げ道をつくってあげるのです。

私の場合、嫌われない程度のタメ口やくだけた口調で空気をフランクにするなど、なるべく距離を感じさせないつき合いを心がけました。

日ごろの言葉が相手との距離を近づける

とくに意識していたのが、日ごろの言葉づかいです。

極力、主語を「チーム単位」にしていました。

たとえば「俺とお前が」とか「私とAさんは」と言うところを、できるだけ「俺たちが」「私たちは」と使っていました。

小さいことのように思えるかもしれませんが、こういった細部を意識的に変えていくことで、周囲はもちろん、自分の内面にも作用していきます。

関係性を深めたい相手に、「自分たちはチームなんだ」と感じてもらえる発言を心がけてください。

加えて、できるだけポジティブな言葉を使いました。必要以上に「ダメ」「ムリ」「できない」など、ネガティブな言葉を使わないようにしていました。

言われた人は、その時点でテンションが下がってしまいます。

たとえ、相手が「なんでも言ってくれ」と言ってきたとしても、言うべきではありません。

また、どうしても言わなければいけないときは、これまでもお伝えしてきたように、その何倍もポジティブな言葉も使うようにしていました。

あなたも相手との距離を、言葉で短くしていきましょう。

やらないことリスト29

空気を読まない、相手との距離を遠ざけない

本気で共感できたから、No.1になれました

会話上手の男性は、女性をよく知るだけではありません。

女性と同じような感性で物事を見て、感じることができます。

つまり、女性の思う「かわいい」や「綺麗」の物差しを自分の中に持ち、その感覚をベースに考えられる能力を持っているのです。

これまで、自分の趣味でなくとも、女性の「好き」には共感を示そう――とたびたびお伝えしてきました。

もちろん、これは重要なポイントなのですが、無理に合わせるよりも、本気で「かわいい」と感じ、伝えるほうが、相手により強い共感を示せます。

非常に高いハードルではあるのですが、個人的には、男性が「かわいい」や「綺麗」の感覚を取り入れることができれば、無敵だと思っています。

女性誌の定期購読がNo.1へのスタートだった

女性の感覚は、ライフスタイルやインプットを女性に近づけることで、初めて理解できるものです。

ただ女性と話すだけで身につくものではありません。まったく同じ生活をするのは不可能にせよ、こちらから寄せようとする意識が大切です。

私がとくに重視していたのは、女性誌を何冊も定期購読することです。

女性が喜ぶものや、「かわいい」「綺麗」と感じるものを、雑誌や本を見て学んできました。

重要なのは、この「寄せようとする」意識なのです。

とくに男性は、プライドが高い方が多く、女性に合わせることを嫌う人も少なくありません。

しかし、女性と仲よくなりたいなら、そのようなプライドは邪魔です。

ホストでも、同性の仲間から信頼を集めまくっているのに、女性のお客様にはちっともモテないタイプがいます。

そんなホストは、まさにプライドが邪魔をする典型例。

女性に寄せることができず、「面倒見のよさ」といった美点を、男性にしか発揮できていないのです。

この本では、相手を好きになること、そのために観察することの重要性をお伝えしました。

女性が好きなものをどんどん見て、吸収してください。

この努力を続けるのは大変なことですが、勤勉に続けられれば、あるとき、急に自分の世界が広がるようになります。

私の場合、あるお客様がよく写真を見せてくれて、正直に言うとピンときていなかったペットが、本気で「かわいー！」と感じられた瞬間がありました。

お客様を好きになろうとする思いとの相乗効果があったかもしれませんが、自分の感覚のキャパシティーが拡張され、普通にかわいく見えるようになっていました。

専門家の解説などを聞いて、よくわからなかった美術品のすごさが理解できるようになることがあります。

これと同様に、私もお客様に共感を覚える機会が増えていき、そんな変化と足並みを揃えるように、ホストとしての成績も上がっていきました。

話題のネタをストックしておくと自信になる

雑誌や本での勉強をおススメする理由は、ほかにもあります。

会話が苦手で、緊張してしまう人は「何を話そう」と、悩んでいることが多いです。「心の中での上から目線」の項目でも述べたように、そう思ってしまっている時点で、精神的に呑まれています。

しかし、美容やファッション、食事や健康ネタなど、女性が喜んでくれそうな話題をストックできていれば、ある程度は安心感が得られます。

女性の感覚を理解できるほどではなくとも、知ると知らぬとでは大違いです。

実際のところ、女性の感覚をある程度まで理解できるようになるには、かなりの時間がかかります。

ですが「女性に寄せていこう」と意識した時点で、コミュニケーション全般に、これまでになかった気づかいが出てきます。

自分では気づかなくとも、感性の鋭い女性は気づきます。

男性全般が女性のことをあまりに知ろうとしないため、小さな一歩でも、女性には目立って感じられるのです。

楽しさや優しさは男らしさより上位にある

ちなみに、女性に歩み寄ろうとしない姿を、「男らしさ」と解釈する男性も多いのですが、女性はその点を重視してはいません。もちろん男性である以上、男らしさは大事なのですが、変な男らしさは求めていないのです。

ほとんどの女性は、目の前の楽しい人、優しい人に注目します。「男性的なすごさ」には興味がないのです。

寺山修司は『書を捨てよ、町へ出よう』という著作を残していますが、私は男性に「プライドを捨てよ、女性誌を読もう」とお伝えしたいです。

最初は小さな一歩でもいいので、女性に歩み寄ろうと努力してください。

必ず、その効果は表れます。

やらないことリスト30

「妙な男のプライド」を守らない

第4章

No.1から オンリー1になる 最高の話し方

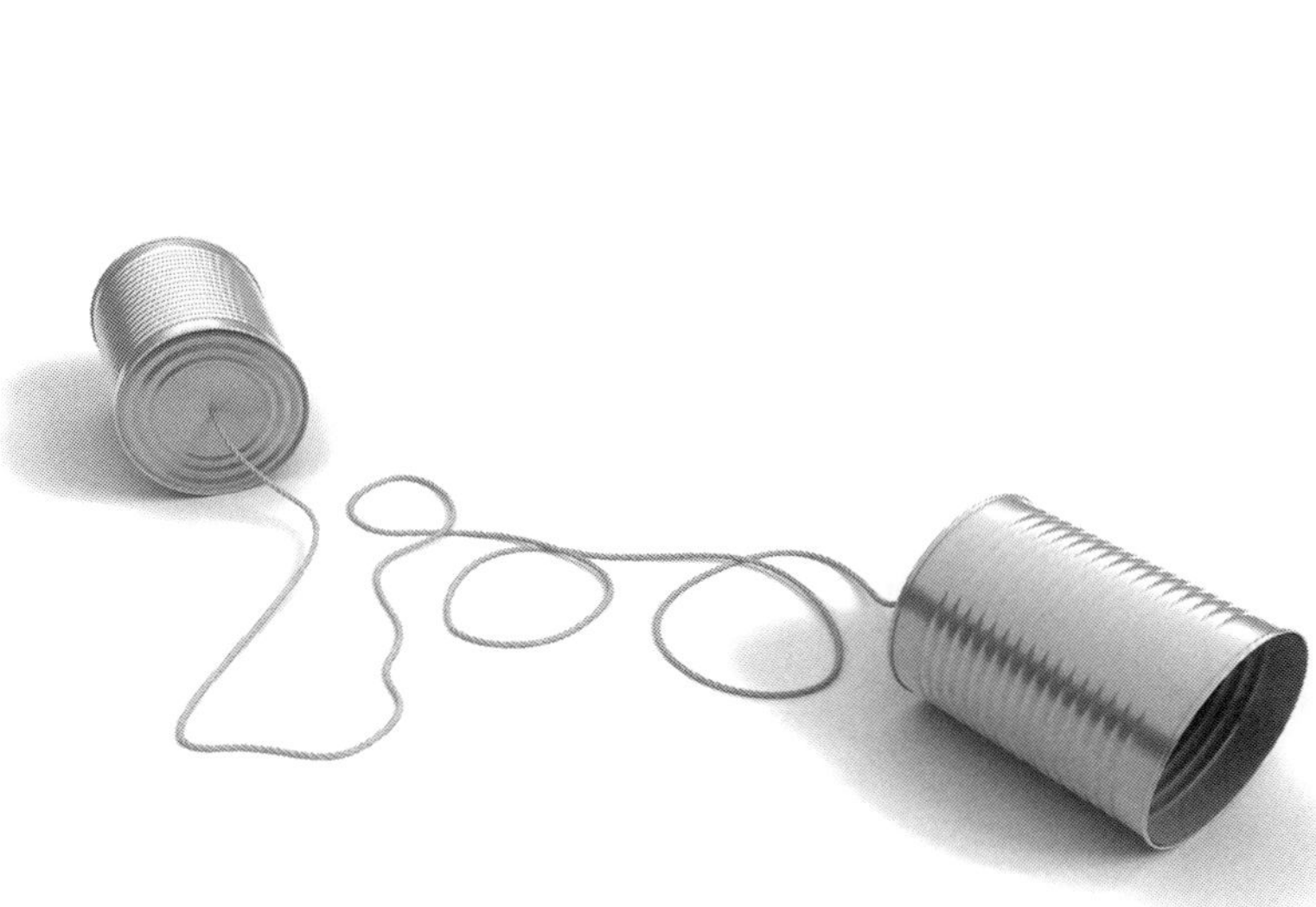

見た目で〝切られて〟しまっては意味がない

話し方の技術を身につけるのは、相手に好かれることが目的です。

どんなに会話が上手な人であっても、そのスキルを発揮できなければ、そもそも意味がありません。

そのためには、話し方の技術だけではなく、人に好かれるための「大前提」となる要素をおさえておく必要があります。

そうすることで、あなたの会話や雑談がより洗練され、相乗効果も得られます。

かつて『人は見た目が9割』（新潮新書）という本が大ヒットしましたが、たしかに見た目は大事です。

特別にかっこいい見た目である必要はありませんが、清潔感があり、TPOに合った見た目にならないと、それだけで敬遠されてしまいます。

これでは、いくら話し方の技術を学んでも、それを発揮するところまでいけません。

私の場合、初対面の方や、関係性が確立されていない方と会うときは、必ずスーツで行くようにしています。

ネクタイをして、ポケットチーフも入れています。

セミナーでも、第一印象で信頼感を出すにはスーツ（最低でもジャケパンスタイル）で行くべきだとお話ししています。

見た目で最も重要なのは「相手を気持ちよくさせる」意識です。

そのためには、キッチリとして、最大公約数的な正解＝一般常識に合わせることが求められます。

ホストがスーツを着るのも同じです。

「しっかりした服装」というイメージがあるから、お客様をもてなすために着るべきだと考え、そうしているのです。

カジュアルなファッションにこだわりがある読者もいるでしょう。**しかし、世間で一応の正解とされていることには、それなりの意味や価値があります。**

たとえば、パンクファッションが好きな女性の前に、スーツを着た見合い相手が現れても「失礼だ！」とはなりません。それは、マナー上はスーツが正解とされているからです。

しかし、これが逆だと、一気に大変な事態になります。

見た目をよくしようとするなら、その場で「正解とされる可能性」が、いちばん高い服装と髪型を意識してください。

そして、非常に多くのシチュエーションで正解とされるのが、スーツやシャツなど、清潔感のある服装と、それに合った髪型なのです。

何か足すより余計なことをしない

それに加えて、「余計なことをしない」のも大切なポイントになります。

あまり見た目に気をつかってこなかった人が、見た目によって周囲からの信頼度が変わることを実感すると、つい楽しくなって、いろいろとチャレンジしてしまいます。

ところが、ファッションに詳しい人からすると、そのチャレンジが「余計なこと」になりがちなのです。

以前、モデルとしても活動しているタレントのパンツェッタ・ジローラモさんが、「日本人が着るピンクのシャツはダサい」と言っていた、という話を聞いたことがあります。正直、肝が冷えました（笑）。

私の服装は、ジローラモさんもおススメしていた青を基調に考えています。

ネイビーのスーツ、白のシャツ、赤いネクタイといった組み合わせです。

スーツというと、黒を思い浮かべる人もいるかもしれません。

ただ、黒のスーツは応用が利きにくいので、最初にいいスーツを1着買うなら、ネイビーをおススメします。

基本的には、シンプルな組み合わせで、色を3色以内にできれば「余計なこと」にはなりません。

私は、ホストクラブでは、会話の入り口になるツッコミどころとして、かわいい犬のピンをつけていたことがあります。

しかし、信頼を得たい相手に対してや、フォーマルな場に行く際には、そんなワンポイントも余計になります。

そういうときに何かを足すなら、ポケットチーフをする／しない、チーフをするなら折り方をどうするか、といった点を気にするほうがよいでしょう。

女性のファッションアドバイザーを頼ろう

ただ、見た目にあまり気を配っていなかった男性にとっては、状況を変えようとしても「そんなこと言われても困る」と思うかもしれません。

そういうときは、ぜひ女性を頼るべきです。

思い浮かぶ女性の知り合いがいなかったとしても、店員さんに頼ればＯＫです。

少し恥ずかしい相談かもしれませんが、実際には多くの男性がやっていますし、女性であればなおのこと、店員さんにあれこれ聞きながら服を選んでいます。

専門店で「私に合うスーツとシャツとネクタイ、それとポケットチーフを見つくろってください」と、予算を伝えてお願いしましょう。

きっと、目を輝かせて「任せてください！」と請け負ってくれるはずです。

やらないことリスト31

ファッションには余計な要素を取り入れない

察知力の強い人が会話を制す

女性からオンリーワンの存在として指名を受けるために、意識して磨きたいのが「察知力」です。

察知力が高い人は相手の都合を瞬時に察することができるので、見た目と同様に、相乗効果で会話の技術を高めてくれます。

この察知力が如実に問われるのが、「何でもいい」から始まる展開です。

「同伴」の苦い思い出

ホストには、出勤の前後に、お客様と外でお会いする「同伴」や「アフター」というシステムがあります。

たとえば同伴なら、どこかで食事やお茶をしてから、お客様と一緒に店に出勤するのですが、とくに決まったルールなどはありません。

同伴中にどうするかは、その都度お客様と相談して決めることになります。

信　長「どこか行きたい店とかある？」
お客様「信長さんが行きたいお店なら、何でもいいよ」
信　長「わかった。こっちで調べて予約しておくね！」
お客様「うん、楽しみにしてる～」

こういったやり取りを経て、当日を迎えることになります。

しかし、お客様の「何でもいい」を真に受けてしまい、当日に女性から不興を買うことがありました。

実際には「何でもいい」わけではなかったのです。

心当たりのある男性読者も多いのではないでしょうか？

男性が「何でもいい」と言う場合、たいてい本当にそう思っています。

一方、女性は遠慮して、自分の第1希望を出さない人が少なくありません。

相手の好みと合わなかったら申し訳ないという遠慮から、「何でもいい」という言葉が出ます。


新人ホストのころ、私はこの言葉の意味を理解せず、近くのラーメン屋に行ってささっと同伴をすませたら、翌日にお客様からお叱りのメールをいただきました（笑）。

どこに行きたいか明確にはないけど、あまりにはずれたチョイスをしたら、女性のテンションは一気に下がります。

本当は「何でもよくない」相手にはどう聞く？

まずは、具体的な店を聞くところから始めましょう。

「何でもいい」と言っていても、「どこか行きたい店、あるんじゃないの？」と深掘りしてみると、意外に具体的な名前が出てくることもあります。

同じ「何でもいい」でも男女でこんなに違う！

本当に何でもいい

じつは行きたいところがあったりする

ここで深掘りするときに有効なのが、二者択一で答えられる質問を重ねていく方法です。

たとえば、最初に「居酒屋とイタリアン、どっちが好き？」と大ざっぱに聞きます。相手が「居酒屋」と答えたとしましょう。

そしたら「個室のあるおとなしめなところがいい？　それとも、ワイワイしてるところがいい？」と好きなお店の傾向を聞きましょう。

さらに「海鮮系の居酒屋と、郷土料理系の居酒屋はどちらがいい？」と、お料理の好き嫌いを確認するなど、選択肢を決めた質問を続けていくのです。

そうやって導き出されたお店なら、大外れはしません。

口では「何でもいい」と言いながら、みなさんある程度の好みはあるものです。それを質問によって明確にしていくのです。

察知力を備えた男性が少ないということは、裏を返せば察知力を身につけるだけで、大きなアドバンテージを得られるということでもあります。

ぜひ、相手が喜ぶチョイスができるようになってください。

やらないことリスト32

「何でもいい」を真に受けない

あなたの話術を発揮できるお店に行こう

「何でもいい」という男性が、じつは「何でもよくなかった」としても、あなたがダメ出しされる可能性は低いでしょう。

でも、感情を優先する女性は違います。

そんな女性を満足させるには、勉強と行動あるのみです。

食事の場所にしても、なんとなく適当に選んではいけません。

しっかりと下調べをして、可能であれば事前調査もできている、女性が喜びそうな店を選んでください。

「自分が行きたい店」ではなく、「相手が行きたい（だろう）店」が正解なのです。

お店選びでは「空間」をもっとも重視する

私が重視しているのは「空間」です。

シチュエーションにもよりますが、店内がある程度、落ち着いていて、隣の人とのスペースに余裕がある店を私はよく使います。

ネットで調べるときも、オシャレで値段もそれほど高くない店は要注意。

お客様をたくさん入れないと利益が出ないので、空間に余裕がなく、騒がしいことが多いからです。

そんな店は、男性同士の飲み会なら「いい店」ですが、これから仲よくなりたい、気になっている女性を連れて行く店としては不適格です。

最近は、赤ちょうちんの似合う大衆酒場などを好む女性も増えています。

もちろん、相手や時と場合によってはＯＫですが、最初は無難に落ち着いた店を選びましょう。

まずは清潔で落ち着いた店から関係性を深め、相手が大衆的な店を好むとわかったら行くことにして、騒がしい店内で大きな声で楽しくおしゃべりすればOKです。

インターネットで調べるなどしたら、空間は体験してみるのがいちばんなので、できれば実際に行ってみましょう。

お店への動線も意識して複数のカードを持つ

また、お店を考える上では、動線も大切です。

駅チカかどうか。

二次会まで考えているなら、一次会の店と近いのか……。

相手が仕事上がりのアフターであれば、職場からあまりにも遠い店や、帰りの自宅から遠い店は避けたいところです。

本当に鉄板クラスで自信のあるおススメの店なら、タクシーを利用するなどしてもよいのですが、基本的には歩いて移動すると思います。

天気が雨でも、それほど移動が苦にならない場所にある店を選びたいところです。

また、読者の方から、よく「何の料理がいいですか?」と聞かれることがあるのですが、これは何でもいいと思います(笑)。

ただし、カードを多く持っておくに越したことはありません。用途や相手の都合に合わせたお店にエスコートできるのが理想です。

和食や中華、フレンチ、イタリアンなど、それぞれの料理で、いい空間の店のカードを持っておけるとよいでしょう。

加えて、価格帯でも複数のカードがあると便利です。

「中華料理が好きで、おいしいものにはお金を惜しまないタイプだから、少し高いけど最高においしいあそこにしよう」といった検討ができます。

そして、何よりも大切なのは、どの料理を食べるにしても、食事中は細かいうんちくを語るよりも、笑顔で「おいしい、うまい」と言いながら食べることです。

たとえば「まいぅー」のフレーズで有名なタレントの石塚英彦さんは「おいしいです!」しか言いません。

『ONE PIECE』のルフィや『ドラゴンボール』の悟空も、基本は「うめー」としか言ってません。

でも、ただ笑顔で「おいしい」と言うだけで、まわりを幸せにしています。

その人気たるや国宝級です。

これは我々の食事中だって同じことです。

食事中に延々とうんちくを述べたり、料理の評論をするくらいだったら、「おいしい、うまい」と笑顔で食べるほうが、相手も楽しい食事だったと思ってくれます。

やらないことリスト33

✓自分に都合のいい店を選ばない

バッグに入れておきたいオプションは何か?

バッグの中身も、話し方の技術を相乗効果で高めてくれます。

たとえば、本を1冊入れておけば、それで1つ話題がつくれたようなものです。

ここでは、できるだけ持っておくべきアイテムについて説明します。

ぜひ、周囲の人を喜ばせるアイテムを、意識的に携帯するようにしてください。

私が必ず持ち歩いている「気づかい系」のアイテムは、口臭対策のミント系タブレット、歯ブラシセット、リップクリーム、眉ペン、主張の強くない香水です。

これらは自分のためではなく、周囲の人を不快にさせないために持ち歩いています。

そのため、香水は「主張の強くない」がポイントになります。

自分のためだけなら、どんな香水でも好きなものを選べばよいのですが、匂いの強い香水を嫌う人も少なくありません。

相手への気づかいを主軸にすると、必然的に落ち着いた香水にたどり着くことになります。

本項のタイトルに「バッグ」とありますが、そもそもバッグを持ち歩く習慣のない男性も少なくありません。

しかし、気づかい系アイテムをつねに携帯するとなると、バッグが必要不可欠になります。

また基本的には、スーツにはモノを入れないほうがいいです。

モノをポケットに入れていると、理想のシルエットが崩れて格好が悪くなってしまうので、たとえポケットがたくさんある服でも、つねにバッグを携帯することをおススメします。

私だって、手ブラでいられるならそうしたいところですが、「バッグの重さが相手への気づかい」と言い聞かせています（笑）。

アイテムが古くなっていないかチェックしよう

ここで、1つ気をつけたいことがあります。

今まであまり、そのような気づかいを意識してこなかった人が、気づかい系アイテムを持ち歩くようになると、それだけで満足してしまいがちです。

また、大切にしているアイテムが、経年劣化してしまうこともあります。

自分は毎日見ているから気がつかないのですが、まわりからみればボロボロ……そんなことはよくあるのです。

アイテムが古くなっていないか、定期的なチェックとメンテナンスを欠かさないでください。

私自身、たとえばそれが気に入っているサイフであっても、定期的に交換するように意識しています。

あなたも、たとえば女性を喜ばせたいと思うなら、やはり女性にチェックしてもらうのがいちばんです。
そういう女性がいない人は、ファッション雑誌でチェックしてみましょう。

やらないことリスト34

✓ 手ぶらで歩かない、古いアイテムを持たない

ギャップがある人は飽きられない！

同じ相手と、何度も会話をする上で意識してほしいのが、折に触れてギャップを演出することです。

いつも仕事の話をしている人は、たまにプライベートの話を。反対に、いつもプライベートの話をしている人は、たまには仕事の話をする、といった形です。

これは、いつも同じ話では盛り上がりにくい、という面もありますが、それ以上にギャップを見せることが重要だからです。

それが、オンリーワンの魅力につながります。

わかりやすく言うと、いつもぶっきらぼうなタイプが、2人きりのときに不意に甘えてくる姿が心をくすぐるようなもの。

ホストでも、日ごろはクールで口数の少ないタイプなのに、時折、饒舌になったり、甘える姿を見せたりするタイプがいます。

このギャップの魅力は、男性でも女性でも演出できます。

男性の例をあげてきましたが、「ツンデレ」という言葉があるように、女性の意外な一面に弱い男性も非常に多いです。

いつもと違う話題にする方法がもっともシンプル

ギャップを見せる上で、もっともシンプルなパターンは、最初に触れたように、仕事の話やプライベートの話といった「話題の違い」で演出することです。

たとえば、プライベートではチャラチャラした人だったら、仕事での超真面目な一面を語ってみたり。

逆に仕事でビジネスライクな関係しかない相手に、ぶっとんだプライベートを明かしたりすると、そんなギャップに人は惹きつけられます。

また、ギャップに関して1つ覚えておいたほうがいいのは、ギャップの幅が広ければ広いほど、人はあなたにはまりやすい、という法則があることです。

仕事の話ばかりしているから、休みの日も家で仕事かと思いきや、じつは休日にはいつもどこかに旅しているとか。

両極端にこそ、人は惹きつけられるものです。

自分の持っている武器の中で、ギャップのある話はなんだろうと考えてみましょう。

やらないことリスト35

仕事の話ばかり、プライベートの話ばかりしない

自分の中に「バカなところ」をつくっておこう

No.1ホストは、あえて隙をつくることがあります。

完璧すぎる人間は、お客様からしたら、距離を感じてしまうからです。

とはいえ、ずーっと隙だらけでは、単なる「だらしない人」になってしまいます。

基本はしっかりしたところを見せながら、3割くらいバカな自分になるという割合を意識してください。

基本はしっかりしていないと、単なる「バカな人間」になってしまいます。

そうではなく、「バカなところがある人間」だから、人間味が感じられ、魅力的なのです。

バカなキャラクターになるのではなく、しっかりしているけれど時折、バカな発言が飛び出しそうな話題を選ぶことで、相手に「バカだなー」と笑ってもらえるのが理想です。

優秀な営業マンは、これが非常に上手です。とてつもなく優秀で、多額の報酬も得て社会的な地位もあるはずなのに、人と縦の関係にならず、心の距離を一気に近づけてきます。

名探偵はあえて隙を見せる

物語に登場する人物も、どれだけ優秀な能力を持っていても、どこかに隙があるものです。

たとえば、超人的な頭脳を持つミステリーの名探偵たちです。横溝正史が創出したボサボサ頭の金田一耕助などは、その典型と言えます。

その金田一を意識した漫画『金田一少年の事件簿』の金田一一《はじめ》も、美少年とはほど遠く、学校の成績も悪ければ、運動も苦手な設定です。

金田一に比べると、身体は小さな子どもとはいえ、本来は見た目もキリッとして、運動能力も高く、英語もペラペラな『名探偵コナン』の江戸川コナンも、ヒロインとの恋愛話になると、単なる少年になってかわいらしいリアクションを見せてくれます。

これは、そのような隙がなければ、読者に共感され、愛されにくくなってしまうからでしょう。魅力あるキャラクターをオンリー1にするためにも、隙や愛嬌は必要不可欠なのです。

相手の得意分野でこけて話題を深めよう

隙を見せるための方法として、私がよくおススメしているのが、「相手の得意分野でこけろ」というものです。

この「こけろ」というのは、ほとんど知らないふりをするということです。

たとえば、あなたが阪神ファンで、相手もそうだったとしましょう。この場合、あえてマウントを取る必要はありません。

「え、阪神が好きなんだ？　俺も最近、気になってるんだけど、あまり詳しくなくて。いろいろ教えたり、球場連れてったりしてよ」

このような質問をすると、自動的に相手を主役にできるので、自分で話したがってしまう人には、とくに意識してほしいおススメのやり方です。

やらないことリスト36

完璧であろうとしない

雑談中に「断定」すると、それ以上の話は続かない

多くのビジネス書では、たいてい「自分の意見をハッキリと言える人間になろう」などと書かれています。

たしかに、会議や商談などのビジネスでは、はっきり言い切ったほうがいいこともあるでしょう。しかし、プライベートでのトーク中においては、ちょっと違います。

むしろ、断定表現は、逆に控えたほうがいいのです。

たとえば、5人くらいのメンバーでカフェに集まっているとき、Aさんが「タバコはとても有害だし、私、タバコを吸う人は嫌い」とハッキリ言ったとします。

これは正論ですし、Aさんが喫煙者を嫌いなのも本当かもしれませんが、もし、そこにタバコを吸うメンバーがいたら、もうその人とは話せなくなります。

また、そういうことを言うAさんとは、まわりの人も距離を置くでしょう。

あなたが喫煙者でなくても、「Aさん、なんか話しづらいな」となりませんか？

今後Aさんは、何かお誘いのチャンスなどがあったとしても誘われず、知らないうちにチャンスを逃すかもしれません。

自分の「好き」もはっきり伝えすぎない

ほかの例でも、こんなこと、よくありませんか？

「やっぱり、野球よりもサッカーだよね」


こう言い切ってしまう人、いますよね。

そこに野球派の人がいたら、当然その人と仲よくなるのは難しくなります。

言い方に気をつけないと、サッカー派の人たちからもよく思われません。

「野球かサッカーか」に限らず、こういう二者択一の話題になったときには気をつけましょう。**自分の「好き」を伝えるために、他方の価値をおとしめる必要はありません。**

とにかく、基本的に「表現は軟らかく」を意識してください。

私も若いころ、痛い目を見たことがあります。

当時の私は、ホストクラブに来るお客様に対して、断定口調で話していました。自分の思ったことや考えをはっきり言い、自分の好みなどもわかりやすく伝えていたのです。

しかし、あるとき「あんたの講演会を聞きに来たわけじゃないんだけど」と、お客様にすぐに帰られてしまったことがあります。

その一件から、つねに「会話を続けるためにも、口調は軟らかく、軟らかく……」と、頭に入れて接客するようになったのは言うまでもありません。

あえて「断りやすく」頼んでみよう

断定口調については、誰かに頼みごとをする際には、とくに注意してください。

人に何かをお願いするとき多くの人は、ストレートに「～してください」と頼むことが多いです。

しかし、こんな表現を、じつは多くの人が嫌っています。

まず、この言い方では、受け入れようと断ろうと、聞き手がプレッシャーを感じるから。さらに、その提案を断りたい場合、ハッキリと言いにくいからです。

ノーと言えない日本人にありがちな思考ですが、いずれにしろ「～してください」などとストレートに言うのは控えたほうがいいのです。

では、どうしたらいいでしょうか？

コツは、相手が無理なく断れるような言い方を心がけることです。

「よかったら、～してくれたらありがたいです」

「～してもらえたら嬉しいです」

こんな言い方だと、相手はプレッシャーを感じませんし、断りやすくなります。

「断りやすいホスト」のほうが売上は上がる

この本では「相手を否定しない」と訴えてきましたが、仕事などでは「それは違う」と言わなくてはならない場面も出てくるでしょう。

そんなときも「～はダメだ」ではなく、「～のほうがいいよ」と言ってあげると、伝え方としては軟らかくなってベターです。

人は否定的に断定されると、ダメージが大きくなります。そうなると、その後のコミュニケーションがうまくいかないこともありえます。

それを防ぐためにも、軟らかい伝え方が使えるようになると、コミュニケーションが円滑になるでしょう。

ホストクラブでは、毎日、売上ランキング表が張り出されるので、個人の成績が誰にでもわかる状態にあります。

そんな中、目先の売上を伸ばすために、お客様に「シャンパン入れてくれ！　頼む！」と無理を言ってしまうホストも少なくありません。

しかし、これだとプレッシャーを感じてしまいます。

仮に目先の売上が上がったとしても、お客様との関係は長続きしないでしょう。結局損をすることになります。

それよりも「○○さんのご気分で入れていただけるなら嬉しいです」という言い方のほうが、長い目で見て売上は上がります。

やらないことリスト37

断定しない、言い切らない

外見に気を配る以上に笑顔を心がける

会話術を発揮するには、外見を気にすることが大前提だ、と前述しました。**どんなに話が上手でも、似合わない服にボサボサの頭では、信頼を得ることはできません。**

ホストクラブでもまったく同じで、清潔感のあるホストの話は聞いてくれますが、見た目に清潔感がないホストの話は、まず聞いてもらえません。

ただ、場合によってはそれ以上に大切になるのが、自然な笑顔です。

服や髪型は、個人で好みも異なりますので、一概に定義するのは難しいことです。でも、笑顔の人と仏頂面の人とでは、後者のほうが安心できるという人はほとんどいません。男性から見ても、笑顔が自然な女性には安心感を覚えるはずです。

しかし、多くの男性は、自然に微笑むことができません。

ですから、まずは笑顔の練習から始めましょう。

鏡を見て、ベストの髪型を模索する男性もいるでしょうが、本当に外見を気にするのであれば、笑顔の練習のほうが大事です。

頬の筋肉で「自分が自然に笑えているか」わかる

試しに、鏡を見ながら口角を上げてみましょう。

口角を上げるのは、非常に効果的です。**ディズニーランドに行けば、すべてのキャラクターの口角が上がっています。どんな悪役キャラでも、です。**

これは、口角を上げることがいかに大事か、いかに相手にいい印象を与えるかを物語っているのではないでしょうか？

外見が与える印象は本当に大きいので、会話が苦手と自覚されている方ほど、うまく微笑むことができないはずです。

そんな方が口角を何度も上げてみると、頬の筋肉が疲れてくると思います。

お風呂などに入りながら、5分くらい練習してみるとよくわかるでしょう。

逆に言えば、上手に笑顔をつくれない人は、少し口角を上げるくらいで筋肉が悲鳴を上げるほど、表情筋が衰えているのです。

笑うのも立派な運動です。ただ、それだけに、慣れていない人は意識しないと、きちんと筋肉を動かすことができません。

まずは口角を自然に上げて、キープすることを意識してください。慣れていない人は、油断するとすぐ無表情に戻ってしまいます。

きちんと笑顔をつくることができれば、自ずと微妙な動作は減り、相手に安心感を与えることができます。

外見を鏡でチェックするときは、笑顔のチェックも忘れずにしてください。

やらないことリスト38

笑顔の練習をおこたらない

年上世代に対しては言葉づかいより度胸が大事

相手の心をつかもうとする上で、大きな障壁になるのが世代の差です。

同世代とのコミュニケーションについては、子どものころから経験しています。しかし、**親子以上に年齢が離れた人とのつき合いは、社会に出ることでいきなり発生することが多い**でしょう。そのため、戸惑う人が多いのです。

苦手意識の割に攻略は簡単と言える

自分より上の世代に対しては、じつはそれほど意識しなくても大丈夫です。
苦手意識がある人は多いでしょうが、普通に話すことさえできれば、ほとんどの場合うまくいきます。

なぜかと言うと、上の世代は、下の世代に懐かれることが少ないからです。まさに苦手意識が、その大きな理由なのでしょう。

こういう現状ですから、自分から距離を縮めようとしてくる人がいると、それだけで嬉しく思い、受け入れてくれる人が多いのです。

そのため、年上を相手にした場合は、細かい会話術よりも、変に「上の世代だから話しにくいのでは……」などと、尻込みしない度胸のほうが大切です。

現実的に考えれば、ちょっと敬語を間違ったくらいで、不快に感じる人はごく少数です。それよりも、積極的に話しかけてくれる人のほうが、はるかに相手の心をつかめます。ぜひ、コミュニケーションを図る行動力を優先させてください。

手紙や贈り物でライバルと差がつく

あえてつけ加えるなら、近年の若い人があまり重視していない、年賀状やお中元、お歳暮などの習慣です。これらを目上の方に贈るのは効果的です。

お中元やお歳暮は、若い人にはお金もかかるので大変かもしれませんが、年賀状ならそれほどかかりません。

ある漫画家の方にお聞きしたのですが、彼はもともとその習慣がありませんでした。でも、今の時代に送ると目立って効果的かもしれないと思い、ある年から毎年、年賀状を送るようにしたそうです。

すると、年賀状のやり取りをきっかけに、久々に連絡をくれる編集者が増えてきて、新しい仕事につながったそうです。

初めてお会いしたあとなど、お礼状を送ってみてはいかがでしょうか？

やらないことリスト39

年上世代と話すときには遠慮しない

年下世代と話すときこそ言葉に注意する

話し方に関しては、下の世代を相手にした場合のほうが、地雷は多いです。日ごろのストレスを、立場が下の相手にだけぶつけ、発散しようとする人も少なくありません。

また、前章でも触れたように、自分の今までやってきたやり方を押しつけようとする人も多いです。それが、若者にとって効果的なものであったとしても、話は同じです。

多くの若者は、他人から価値観を「押しつけられる」行為自体を嫌っています。

大切なことを伝えたいときは、それが押しつけと受け取られないよう、提示の仕方に注意してください。

さらに、もう1つ、私が重要視しているポイントがあります。

それが「信頼を伝える」ということです。

私がホストとして駆け出しのころ、先輩に仕事を任されたとき、こう言ってもらえたことがあります。

「心配するな。慌てなくてもできる」

本当に印象的で、今でもよく覚えています。

今では私も、この先輩と同じように、下の世代に頼みごとをしたり、一緒に仕事をしたりするときには「きみを信用している」というメッセージを、必ず伝えるようにしています。

信頼を伝えることのほかに大事なのは、緊張させないということです。

私はその点を意識して、世代や性格によってチューニングするようにしています。

信頼を示しつつ緊張はさせない

たとえば、入社したばかりの気の弱そうな若者に、上司が「きみなら絶対に大丈夫だよ。失敗なんてしないと信じてる」と言ったら、信頼は伝わるかもしれませんが、重い荷物を背負わせてしまう危険性を感じます。

相手が緊張しない伝え方が大切なので、私ならこう言います。

「大丈夫だと思うけど、何かあったらすぐに頼ってね」

仮に失敗をしても、許されそうな空気をあらかじめ出すことを心がけます。

やらないことリスト40

年下だからと偉ぶらない、緊張させない

おわりに

話し方の技術を身につければ、どんな人でも相手と深い関係性を築けるはずです。しかし、それはあくまでも理論上の話です。実際には、行動しないと何も始まりません。技術を知っているだけでは役に立たないのです。

会話が苦手だと自覚する人にとっては、そんなアクティブな行動をすること自体が難しいのは事実です。しかし、その心理的ハードルを飛び越えることができれば、想像を大きく超える成果が得られます。

なぜかと言うと、人間は話しかけてくれる相手を待っている人ばかりだからです。

多くの人が、自分から動く勇気がないのが現状です。待ち型と攻め型の割合は、9対1くらいでしょうか。そして、攻め型は、本当にいい思いをしています。

攻め型があまりに少ないので、「自分から動く」というそれだけの努力で、技術があまりない人でも成果をあげられるのです。待つ側から攻める側になるだけで、世界が10

倍広がります。

極端なことを言ってしまえば、会話術は必要ありません。それくらい、自分から人にアタックすることは重要です。実際、それほど会話術を持ち合わせていない人が、仕事でも、プライベートでも次々と成功を重ねています。

一方、この本を読んだあなたは、実践に裏打ちされた会話術を、すでに持ち合わせているのです。細かいことは考えず、とにかく人に会いに行き、誘い、褒める。

本当に、それだけでモテたり、人気者になったりできます。

私自身、もともとコミュニケーションが苦手な、いわゆる〝コミュ障〟だったため、その心理的ハードルの高さはよくわかります。

だからこそ、「今のままの自分では、そのハードルは跳べない」と感じる方に、自信をつけてもらおうと、本書の中で話し方・コミュニケーションの技術を紹介しました。

本来なら、会話術を磨こうと考える前に、まずは気になる人にどんどんアタックしていただきたい——とさえ思っています。正直、いきなり成功する可能性はかなり低いです。しかし、それを続けることができれば、必ずみなさんの人生は劇的に変わります。

会話術を磨く方法としても、実戦で経験を積むのがいちばん効果的です。技術を伸ばせ、経験も積めるのですから、攻め型のアプローチは「百利あって一害なし」です。

もちろん、無理をする必要はありません。人との距離の詰め方は、人それぞれに適したやり方やペースがあります。まずは、この本で紹介した「やらないことリスト」を参考に、ムダなことをしないように注意していれば問題ありません。

ただ、ほんの少しでも「イケるかも?」と感じたなら、直感を信じて行動に出てください。たとえ少々の失敗が続いても、他者への気づかいと、ほんの少しの勇気を忘れなければ、必ず成功はつかめると、〝コミュ障〟からNo.1ホストになった私が保証します。

2019年5月

信長

信長（のぶなが）

作家、出版社代表、作家業のかたわら出版希望者へ向けた著者養成スクールを主宰。元歌舞伎町№１ホスト。1979 年生まれ、早稲田大学教育学部卒業。

家庭教師のアルバイトをしながらホストの道に入る。当初は体重 100kg 近くあり、女性とまともに話せず、指名もゼロが続いたが、試行錯誤の末 No.1 になる。通算 28 回の No.1 を獲得。ホスト経験は 15 年。

著書として『歌舞伎町トップホストが教えるシャンパンタワー交渉術』（講談社）、『歌舞伎町 No. 1 ホストが教える選 ばれる技術』（朝日新聞出版）、『強運は「行動す る人」だけが手に入れる』（学研プラス）『斎藤一人 人間力』（信長出版）、『斉藤一人 自由力』（信長出版）他計 12 冊。

海外で翻訳出版されている著書もあり。テレビ、ラジオ、雑誌などメディアにも多数登場。

装丁	水戸部 功
本文イラスト	須藤裕子
本文デザイン・DTP	朝日メディアインターナショナル
編集協力	松本逸作

No.1 ホストが明かす 心に残る話し方

2019 年 5 月 30 日 第 1 版第 1 刷発行
2019 年 7 月 1 日 第 1 版第 2 刷発行

著 者 信長
発行所 WAVE 出版
〒 102-0074 東京都千代田区九段南 3-9-12
TEL03-3261-3713 FAX03-3261-3823
E-mail：info@wave-publishers.co.jp
http://www.wave-publishers.co.jp

印刷・製本 中央精版印刷

NDC159 199p 19cm ISBN978-4-86621-215-9